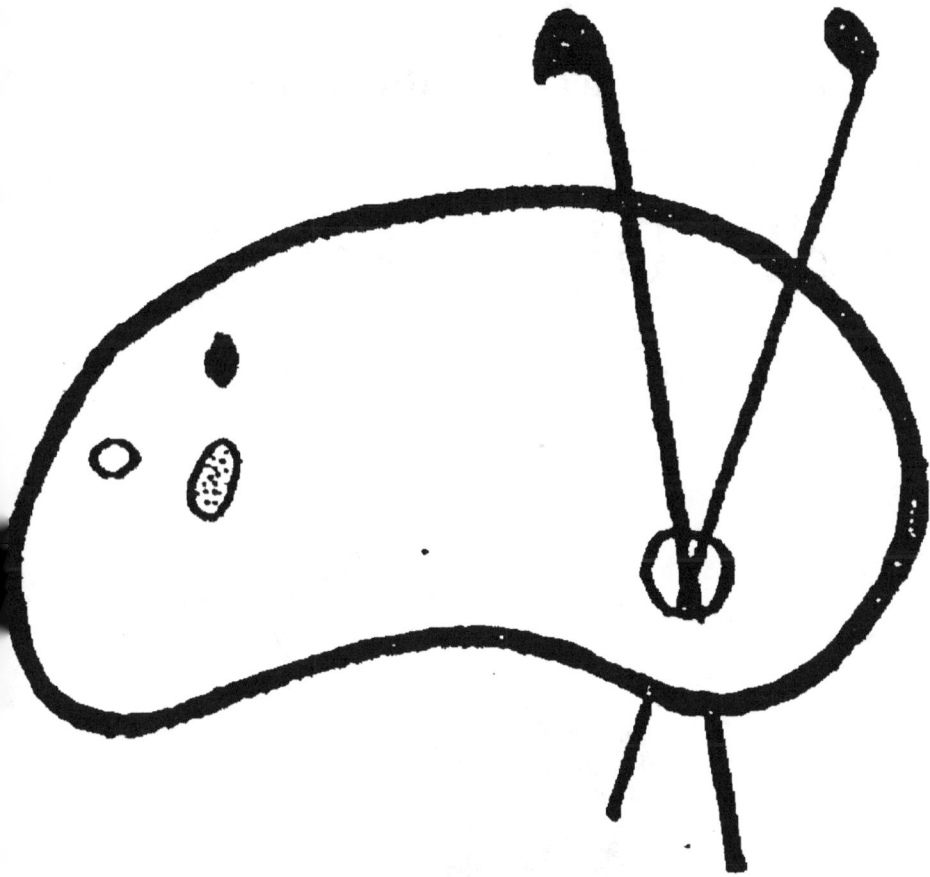

COUVERTURE SUPERIEURE ET INFERIEURE
EN COULEUR

HISTOIRE

DU CULTE ET DES MIRACLES

DE

N.-D. DES TABLES

PAR L. GUIRAUD

*Virgo Mater natum ora
Ut nos jubet amari sors.*
(Antique légende.)

« Si ses biens et ses désirs eussent
été égaux il l'eust faite la plus
riche et la plus parfaite du monde. »

(Gerbet, *De l'Église et des
Miracles*, p. 24.)

EN VENTE :

CHEZ LES LIBRAIRES CATHOLIQUES

DE MONTPELLIER ET DU DIOCÈSE

1885

Tous droits réservés.

MONTPELLIER, IMPRIMERIE JEAN MARTEL AÎNÉ

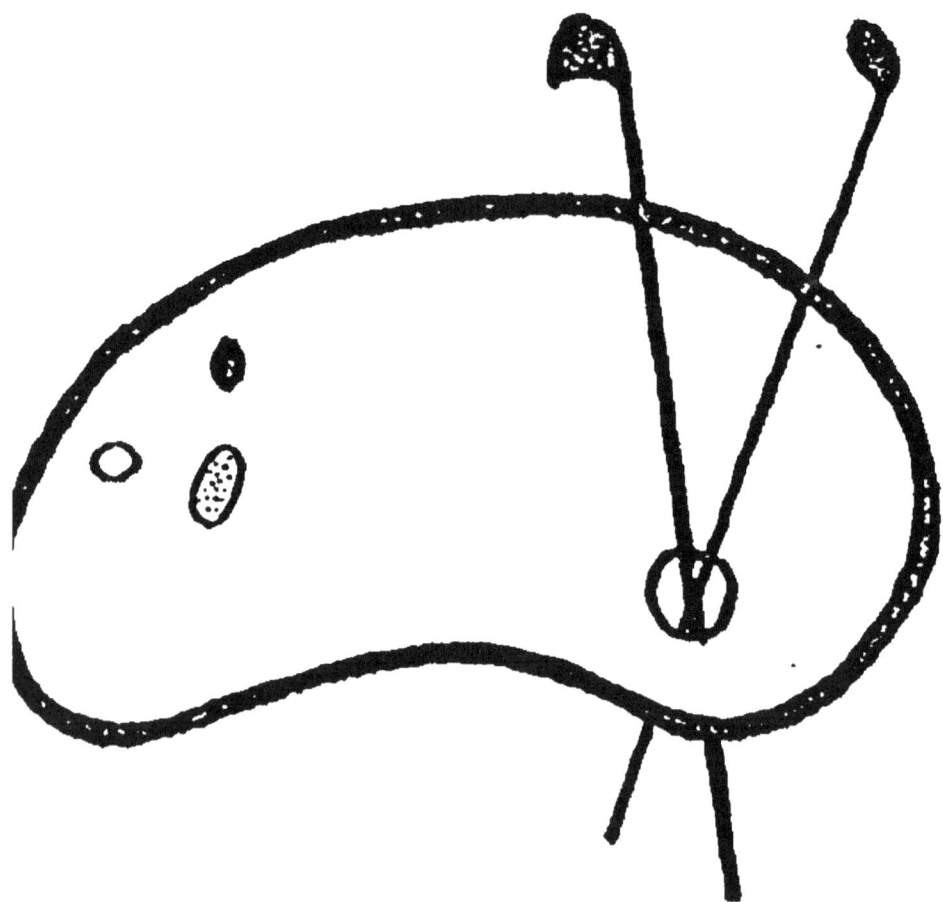

DEBUT D'UNE SERIE DE DOCUMENTS
EN COULEUR

HISTOIRE

DU CULTE ET DES MIRACLES

DE

N.-D. DES TABLES

HISTOIRE

DU CULTE ET DES MIRACLES

DE

N.-D. DES TABLES

Par L. GUIRAUD

Virgo Mater natum ora
Ut nos juvet omni hora.
(Antique légende.)

« Si ses biens et ses désirs eussent
été égaux il l'eust faite la plus
riche et la plus parfaite du monde. »

(GARET, *De l'Église et des*
Miracles, p. 34.)

EN VENTE :

CHEZ LES LIBRAIRES CATHOLIQUES
DE MONTPELLIER ET DU DIOCÈSE

—

1885

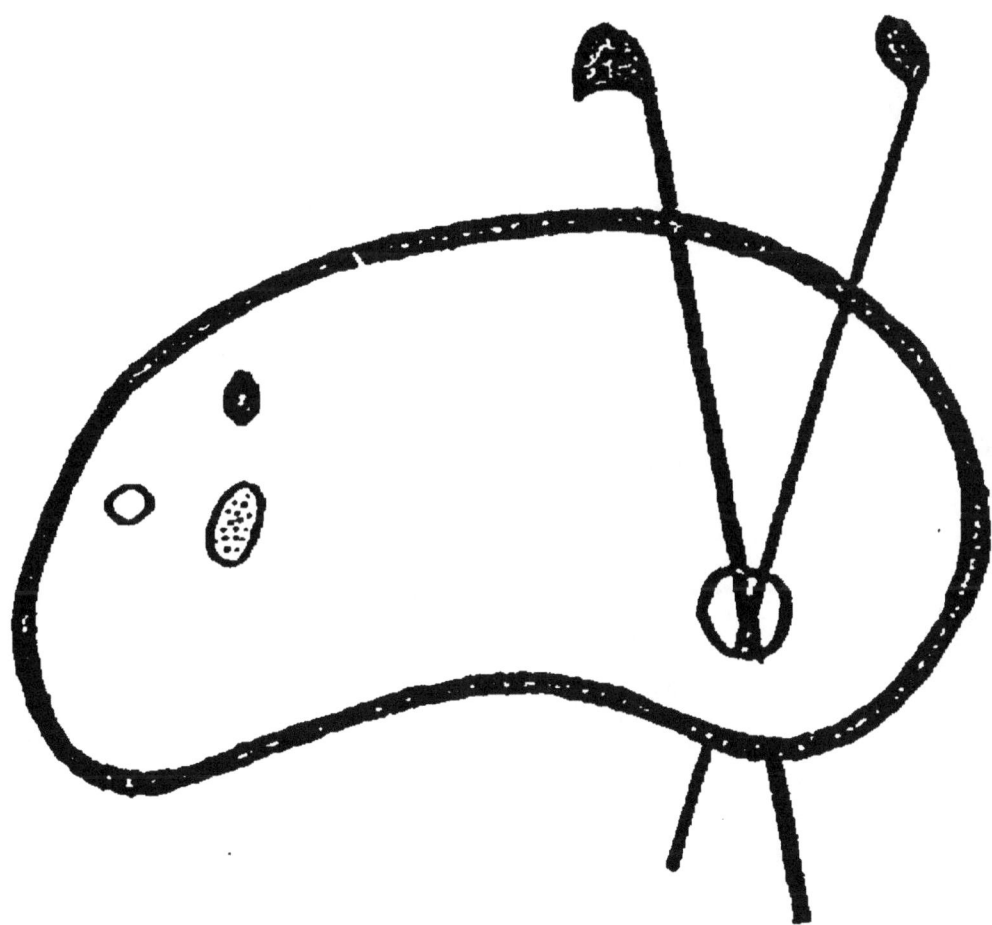

FIN D'UNE SERIE DE DOCUMENTS
EN COULEUR

A Monsieur l'Abbé BEC,

CHANOINE HONORAIRE

CURÉ-DOYEN
DE LA PAROISSE NOTRE-DAME DES TABLES

A MONTPELLIER

ET

PIEUX ZÉLATEUR
DU CULTE
DE LA MAGESTAT ANTIQUA.

MONSIEUR LE DOYEN,

Je suis touché de voir avec quelle pieuse et constante sollicitude vous veillez sur la conservation des précieuses traditions de votre illustre église. C'est de vos lèvres que j'ai entendu, pour la première fois, sur le seuil même de votre paroisse, ce touchant axiome de la dévotion de nos pères envers la Sainte Vierge : « On n'est pas enfant de Montpellier, si on n'est pas enfant de la Vierge Marie. » En combien de circonstances je vous ai vu sensible, jusqu'à la plus vive émotion, à tout ce qui pouvait intéresser la gloire du sanctuaire vénéré dont vous avez été constitué le gardien par le choix de mon Prédécesseur!

Et maintenant comme j'applaudis à la pensée que vous avez eue de faire revivre, dans une sorte de résumé substantiel et instructif, l'histoire du culte de Notre-Dame des Tables! Vous avez eu le bonheur de rencontrer, pour remplir vos intentions, l'intelligence vive et ouverte, la main habile et exercée d'une paroissienne aussi modeste que sérieusement instruite. Guidée par vous, elle n'a pas craint de remuer les vieilles annales de notre cité et d'y recueillir les éléments du livre que vous allez publier ensemble pour l'honneur et le service de notre Immaculée Mère, Notre-Dame, l'antique et pure « Majesté », Souveraine de notre ville.

Quand je suis entré, il y a quelques jours, dans la chambre mortuaire de Mgr. Le Courtier, j'ai été ému de voir que, malgré les plus amers déchirements, son cœur épiscopal n'avait pas voulu renoncer à rencontrer l'image bénie de Notre-Dame des Tables ou le nom et l'image de Notre-Dame de Grâce, à Agde. Il priait, chaque jour, devant ces représentations de la Vierge Marie, empruntées aux plus lointaines traditions de son ancien diocèse; et ainsi, tout séparé qu'il fût de nous par les sacrifices volontaires qu'il s'était imposés, il se plaisait à se rappeler les invocations ferventes à la très Sainte Vierge, dont retentissaient les églises de Montpellier ou d'Agde.

Vous, Monsieur le Doyen, grâce au concours si zélé de Mlle. Louise Guiraud, vous allez rendre plus populaire encore le culte de Notre-Dame dans notre cité. Acceptez, avec ma paternelle bénédiction, mes sincères félicitations, mes éloges et l'assurance de ma profonde gratitude pour ce nouvel hommage rendu à la Reine des Anges et des Saints, à l'auguste et très pure Vierge par laquelle nous sont distribués les fruits de la Rédemption.

Je suis, en Notre Seigneur et en l'amour de sa très Sainte Mère,

Votre dévoué et respectueux serviteur,

✝ Fr.-M.-ANATOLE, *Évêque de Montpellier.*

PRÉFACE

Au titre même de cet ouvrage qui n'en devine tout d'abord le but ? Rechercher et raconter les gloires du culte de Notre-Dame des Tables dans le passé, afin de le mieux étendre dans le présent et l'avenir ; rappeler ses antiques bienfaits pour en attirer de nouveaux : n'est-ce pas la mission qu'en acceptant ce travail nous avons aussitôt entrevue, et le fruit qu'en attendent et celui qui nous l'a confié et ceux pour l'édification desquels il est écrit ?

Si cet ouvrage venait combler une complète lacune de notre histoire locale et religieuse, nous ne douterions pas de la faveur avec laquelle il serait accueilli à cause de son sujet ; mais il nous faut, tâche plus malaisée, marcher dans des sentiers déjà parcourus. C'est avec le sentiment de notre insuffisance, le motif qui nous a fait le plus trembler en commençant nos recherches ; après les avoir terminées, il nous reste pourtant moins de craintes à ce dernier endroit. Nous croyons que l'histoire, comme toutes les sciences humaines, est susceptible d'un progrès indéfini ; et vingt-cinq ans ajoutent à celle de Notre-Dame des Tables des ressources nouvelles quant au passé et au présent. Une étude plus étendue et plus rigoureuse *des sources et les documents qu'elle en fait jaillir, ainsi que les splendeurs récentes du culte de l'antique Majesté justifient, ce nous semble, cette assertion.*

Ces considérations sans doute ont inspiré à M. le chanoine Bec, curé-doyen de Notre-Dame, la pensée de suppléer à l'édition épuisée du livre composé par M. Vinas, en 1859, par un nouvel ouvrage. Lui-même il l'eût écrit avec cette piété solide et tendre envers la Très Sainte Vierge que l'auguste Mère de Dieu donne à ses serviteurs les plus zélés et les plus fidèles. Mais si

.... les emplois de feu demandent tout un homme (1),

il est plus vrai encore de.dire que le saint ministère, tel que l'impose une paroisse comme celle de Notre-Dame, ne laisse pas de loisirs. Pour ne retarder point cet hommage à Marie le soin en a donc été confié à une autre main. Que parmi tant de plumes tout autrement autorisées et habiles la nôtre ait été choisie, c'est à coup sûr un honneur périlleux et peut-être une faveur imméritée. Les eussions-nous l'un et l'autre acceptés, si nous n'avions été encouragé par l'assurance de pouvoir compter sur les conseils éclairés de M. le Curé de Notre-Dame, et par sa bienveillante approbation; si nous n'avions éprouvé en même temps une sorte de persuasion intime que M. Vinas eût sanctionné, même après le sien, ce nouvel essai sur un culte auquel il s'était si complètement dévoué? N'appelait-il pas lui-même le présent travail dans sa préface? et quant à l'auteur, le signe de bénédiction si souvent tracé par ce vénéré prêtre sur un

(1) Épître de Molière à Colbert.

front d'enfant qui lui était cher , nous a paru un encou-
ragement de plus.

Nous nous sommes donc mis à l'œuvre et, l'avouerons-
nous, sans mesurer d'abord l'exacte étendue de ce que
nous imposait l'acceptation donnée. Peu à peu l'horizon
a reculé devant nos pas, et, pour maintenir notre travail
dans un cadre relativement étroit comme proportions , il
a fallu y condenser singulièrement les faits. Le plan en
a été tracé d'après l'ordre chronologique : quatre périodes
naturellement indiquées, ce nous semble, par les divers
aspects de l'histoire que nous avions à retracer :

I. Période des origines du culte se rattachant à celles
   mêmes de Montpellier. — VIIIe au XIIIe siècle.

II. Période de ses splendeurs au moyen-âge embras-
    sant la vie communale de Montpellier. — XIIIe
    au XVIe siècle.

III. Période de ses vicissitudes diverses : hérésie
     protestante et Révolution française. — XVIe au
     XIXe siècle.

IV. Période de restauration au XIXe siècle.

L'édifice matériel n'étant qu'une des formes du culte,
les diverses phases de sa construction ou destruction
suivent l'histoire de celui-ci , aux périodes de laquelle
elles correspondent d'ailleurs à peu près.

Dans la première et dans la troisième période, les
événements sont rapportés dans leur ordre naturel. La
deuxième est plutôt une sorte de tableau d'ensemble et
nous avons dû en grouper les divers détails sous quelques

chefs principaux, pour n'égarer pas le lecteur dans une multiplicité d'usages témoignant tous à l'envi de la dévotion de nos pères à l'antique Majesté.

Quant à la quatrième période, elle nous touche de si près qu'il devient plus difficile d'y mettre cet ordre rigoureux qu'à distance des événements on saisit toujours d'une manière plus aisée. Les souvenirs et les impressions semblent se presser, rapides et émus, impatients de venir sous la plume de l'historien transformé en annaliste et presque en acteur. On nous pardonnera donc, nous l'espérons, d'avoir été forcé dans les trois paragraphes du chapitre XII, qui correspondent à peu près

1° A la nouvelle église de Notre-Dame,

2° Aux efforts de MM. les curés Théron et Vinas pour la restauration du culte,

3° Au ministère de M. le Curé actuel de la paroisse, d'avoir été forcé, dis-je, de mêler quelques faits que leur date permet d'ailleurs de rapporter à leur place chronologique.

Nous venons de parler de paragraphes; nous avons cru en effet, à la fois pour ne point morceler trop notre travail et pourtant y garder une grande clarté, devoir adopter cette subdivision. Dans le même but, nous avons à la table des matières, pour faciliter les recherches, résumé très sommairement les points traités dans les divers paragraphes.

Quant à la pensée dominante de ce travail, on la pénétrera promptement: c'est celle de l'étroite connexion du culte de Notre-Dame des Tables avec l'histoire de Montpellier. C'est pourquoi les questions des armes de la ville, du vœu de Guilhem V, de celui de Guilhem VI, etc., à peine effleurées chez M. Vinas, ont été particulièrement étudiées et développées.

Bien que ce livre ait été composé avec le scrupuleux respect que tout écrivain qui aborde un point d'histoire doit à son sujet, à ses lecteurs et à lui-même, nous ne prétendons point en faire un ouvrage d'érudition. Nous avons donc cru préférable de nous abstenir à chaque détail de citer la source et la page du livre d'où il est tiré. Ceux qui chercheront uniquement leur édification dans ce travail, s'en rapporteront à nous, nous l'espérons ; et pour les personnes qui voudraient en vérifier les documents, nous dressons à la suite de cette préface une liste exacte de ceux auxquels nous avons puisé.

Qu'est-il besoin de le dire? Tout d'abord nous sommes remonté jusqu'aux sources. Comme en un point d'histoire locale elles ne sont pas en général très nombreuses, mais fréquents au contraire les emprunts qu'on y fait, il s'est trouvé qu'après une étude attentive nous avons éliminé quantité d'ouvrages de seconde main. C'est en ce sens que nous n'avons fait à M. Vinas d'autres emprunts que ceux qu'il avait faits lui-même aux Mémoires inédits de M. P. Thomas ; aux Mémoires du même M. Thomas l'emprunt de la date des États de Languedoc de 1557, 1558 et 1560 ; à D'Aigrefeuille une bulle d'une authenticité assez douteuse même (emprunt marqué) et quelques détails sur le resenb et sur le calvinisme à Montpellier.

Les archives municipales nous ont livré d'intéressants documents, soit par les savantes explorations qui en

révèlent chaque jour les inépuisables richesses, soit par
nos propres et spéciales recherches. Les livres des
Clavayres avaient été fouillés pour le service de Notre-
Dame des Tables, ce semble, par MM. J. Renouvier
et A. Ricard, aux Documents desquels nous avons em-
prunté de précieuses indications. Nous en avons usé de
même à l'égard des nombreuses et intéressantes Pièces
justificatives dont M. A. Germain a enrichi ses divers
ouvrages. De vieux inventaires, des contrats, des procés-
verbaux, des registres municipaux, d'intéressantes lettres ont été fouillés successivement. Qu'on nous permette
de signaler tout particulièrement un registre spécial à
l'antique église de N.-D. des Tables, et dont les documents étaient restés complètement inédits. De même, pour
le XIXᵉ siècle, des registres paroissiaux et des notes
manuscrites ont été utilement employés. Quant aux
ouvrages généraux, des Bénédictins par exemple
(Gallia christiana, Histoire du Languedoc) ou de seconde main, nous n'en parlons pas : ils se ramènent tous,
en ce qui regarde l'histoire de Notre-Dame des Tables, à
Gariel, qui nous a donc fourni en grande partie les documents, base de notre travail.

Or, dans sa biographie sur Gariel (1), M. Germain
accorde à celui-ci le double mérite de l'exactitude comme
historien (à la réserve de quelques erreurs, d'ailleurs re-
levées par les ouvrages mêmes du savant doyen) et de la
véracité comme annaliste. A ces qualités ajoutons l'heureuse
disposition de la Providence, qui, en commençant sa vie

(1) *Pierre Gariel, sa vie et ses travaux*, par A. Germain.
Montpellier, Martel, 1874.

(1584) au lendemain même de la destruction de la première église Notre-Dame, et lui permettant d'aller dormir le dernier sommeil dans la troisième en 1674, en fait le représentant autorisé de la tradition du xvie siècle et du xviie, période essentielle de transition entre les splendeurs et les vicissitudes du culte de Notre-Dame des Tables. Enfin Gariel, quelque variées qu'eussent été ses recherches, les avait, semble-t-il, plus particulièrement dirigées vers un culte dont il se fait l'historien spécial à la fin de son Idée de la ville de Montpelier.

Nous ne saurions terminer sans adresser nos plus sincères remerciements à ceux qui ont bien voulu faciliter nos recherches et même les aider. Les portes de la Bibliothèque et des Archives de la ville et celles des Archives départementales se sont trop gracieusement ouvertes devant nous pour que nous n'en remerciions pas MM. Gaudin, qui n'en est point à notre égard à sa première preuve d'obligeance, et De La Pijardière. Mais surtout quelle gratitude ne devons-nous pas à M. le chanoine F. Saurel, le savant historien de Malaucène et d'Aeria, qui, pour notre travail et la gloire de la Très Sainte Vierge, a bien voulu déchiffrer un important document, d'une lecture difficile à cause de son ancienneté. Est-il besoin d'ajouter qu'il l'a fait avec une obligeance et une bonne grâce que nous ne saurions pas plus oublier que redire?

A Montpellier, ce 10e jour et 2e dimanche de Mai 1885, fête principale de l'Association en l'honneur de Notre-Dame des Tables.

SOURCES HISTORIQUES.

I. DOCUMENTS MANUSCRITS.

ARCHIVES MUNICIPALES DE LA VILLE DE MONTPELLIER.

1. Registre manuscrit concernant l'ancienne église N.-D. des Tables, en parchemin avec une peinture de la Vierge, 1479 à 1658.

2. Dossier D. D. — 16 Pièces relatives aux réparations et reconstructions de l'église, de 1480 à 1675.

3. Dossier D. D. — Inventoyre des joyaux de la chappelle de la maison du Consolat.... et de la caysse de la cappellanie de N. r. e. de Tables (1508).

4. Dossier P. 5. — 6 Lettres relatives au remplacement du curé Castan par Gauthier, prêtre assermenté.

5. Dossier P. 5 a. — 8 Pièces et Lettres relatives à l'intrusion de Gauthier.

6. Dossier M. 2/1. — Inventaire du mobilier de l'église et lettre de Gauthier qui l'accompagne.

7. Registre intitulé : Titres des propriétés de la ville de Montpellier, par Desmazes, archiviste.

> Nº 43. — Arrêté du représentant de la Convention, Boisset.
>
> Nº 46. — Lettre du ministre de l'intérieur à celui des finances au sujet des décombres de Notre-Dame.
>
> Nº 47. — Lettre du même au préfet de l'Hérault pour le même objet.
>
> Nº 49. — Loi concédant à la Ville les matériaux et l'emplacement de Notre-Dame.

8. Registres des délibérations du Conseil municipal de la ville de Montpellier, nᵒˢ 4 et 8 (1809 à 1826).

9. Dossier D. q. — 9 Lettres concernant le rétablissement des armoiries, de 1809 à 1826.

ARCHIVES DÉPARTEMENTALES DE L'HÉRAULT.

10. Livre de visites pastorales de 1684.

ARCHIVES PAROISSIALES DE NOTRE-DAME DES TABLES.

11. Registre paroissial.

12. Manuscrits et notes de M. Vinas (inédits).

II. OUVRAGES IMPRIMÉS.

1. Series Præsulum Magalonensium et Monspeliensium variis Guilhelmorum, etc.,..... autore Petro Gariel, editio secunda. — Tolosæ, Johannes Boude, 1665.

2. Idée de la Ville de Montpelier recherchée et presentée aux honestes gens, par Me Pierre Gariel. — Montpelier, Daniel Pech, 1665.

3. Coronica general de Beuter. — Valence, Mey, 1604.

4. Histoire de la Ville de Montpellier depuis son origine jusqu'à notre tems (partie civile), par Messire Charles d'Aigrefeuille. — Montpellier, Jean Martel, 1737.

5. Histoire de la Ville de Montpellier, seconde partie (partie ecclésiastique), par Messire Charles Degrefeuille. — Montpellier, Rigaud, 1739.

6. Proprium insignis Ecclesiæ cathedralis et Diœcesis Montispessulani (olim Magalonensis) jussu illust. et rev. D. D. Car. Joach. Colbert, episcopi Montispessulani ac ejusdem Ecclesiæ Capituli consensu editum. — Editio nova. — Montispessulani, Rochard, 1763.

7. Office pour la fête des Miracles de Notre-Dame des Tables, qui se célèbre dans l'église paroissiale de ce nom le xxxi aoust. — Montpellier, Aug.-Fr. Rochard, 1772.

8. Mémoires historiques sur Montpellier et sur le département de l'Hérault, par feu M. J.-P. Thomas, archiviste de la Préfecture. — Paris, Gabon, 1827.

9. Le Petit Thalamus de Montpellier, édité par la Société archéologique de Montpellier. — Montpellier, Martel, 1841.

10. Des Maîtres de pierre et des autres artistes gothiques de Montpellier, par MM. J. Renouvier et A. Ricard — (au tome II de la collection des publications de la Société archéologique de Montpellier). — Montpellier, Martel, 1841.

11. Office et messe propres pour la fête des Miracles de Notre-Dame des Tables, le 31 août. — Montpellier, Seguin, 1858.

12. Notre-Dame des Tables; Histoire détaillée de ce sanctuaire au double point de vue du Culte et de l'Édifice, par J.-F. Vinas, curé-doyen de la paroisse de Notre-Dame des Tables.— Montpellier, Seguin, 1859.

13. Notre-Dame des Tables, Notice historique sur cet antique sanctuaire sommairement extraite de son Histoire détaillée, par J.-F. Vinas. — Montpellier, Seguin et Baron, 1868.

14. Histoire de la commune de Montpellier depuis ses origines jusqu'à son incorporation définitive à la monarchie française, par A. Germain. — Montpellier, Martel, 1851.

15. Mélanges académiques d'histoire et d'archéologie, par le même. — Montpellier, Martel.

   Au tome II.—La paroisse à Montpellier au moyen-âge.
   Au tome V. — Étude historique sur l'École de droit de Montpellier.
   Même tome. — L'École de médecine de Montpellier; ses origines, sa constitution, son enseignement.
   Au tome VI. — Arnaud de Verdale, évêque et chroniqueur.

16. Histoire de saint Roch et de son culte, par l'abbé Recluz. — Avignon, Seguin, 1858.

17. Mémoires inédits d'André Delort sur la ville de Montpellier au xviie siècle (1621-1693). — Montpellier, Martel, 1876-1878.

18. Semaine religieuse, année 1873, n°s 35 et 36.

19. Les fêtes de la consécration de Notre-Dame des Tables. — Montpellier, Calas, 1873.

20. Lettre-circulaire de Mgr. Le Courtier, évêque de Montpellier.— Montpellier, Martel, 1870.

21. Mandement du même. — Montpellier, Martel, 1871.

22. Mandement du même. — Montpellier, Martel, 1873.

HISTOIRE

DU CULTE ET DES MIRACLES

DE

NOTRE-DAME DES TABLES

PREMIÈRE PÉRIODE.

DES ORIGINES JUSQU'AU XIIIe SIÈCLE

CHAPITRE PREMIER

DES ORIGINES ET DE L'HISTOIRE DU CULTE.

I.

RECHERCHER les origines du culte de Notre-Dame des Tables, c'est remonter jusqu'à celles mêmes de Montpellier, l'un et l'autre ayant commencé en même temps : les témoignages de Gariel sont aussi formels que répétés à cet égard. La destruction de Maguelone par Charles Martel, désireux d'enlever aux Sarrasins un asile dont ceux-ci n'avaient trouvé les habitants que trop disposés à les recevoir, entraîna, on le sait, le transfert du siége épiscopal et de la domination comtale à Substantion, en même temps qu'elle donnait naissance aux quelques humbles masures, premier noyau de notre cité. C'est vers le milieu ou la fin du viiie siècle qu'on s'accorde à placer le défrichement de la vallée sauvage qui a laissé son nom au quartier primitif de Montpellier *(Valfère)*; et, dès les premières années du ixe siècle, la dédicace solennelle, faite par Ricuin Ier, d'une chapelle consacrée à la Sainte-Vierge prouve que le soin le plus pressé des exilés de Maguelone, accrus d'une colonie venue d'Espagne et victime des mêmes évènements, avait été d'appeler sur leur naissant établissement la protection de Dieu et de sa Mère. En constatant l'ancienneté de cette chapelle, la première bâtie sur le « *mont du Verrou* », comme l'appellent quelques vieux historiens, remarquons aussi son emplacement que mille ans respectèrent. Elle était située à même distance environ des deux bourgs d'inégale importance mentionnés dès Ricuin sous les noms de Montpellier et Montpelliéret, et suffit pendant quelque temps aux émigrés. Mais la position même du lieu et ses avantages, qui, à une époque si désastreuse, lui auraient, s'il faut en croire certains auteurs, valu son nom (*Mons Peylat*, mont clos, fermé), attirant rapidement tous les malheureux du voisinage, le successeur immédiat de Ricuin dut pourvoir aux besoins spirituels de cette population nouvelle. Cet évêque était Argemire, célèbre par sa piété et par son crédit auprès de Louis le Débonnaire. Il éleva dans chacun des bourgs une paroisse, qu'il dédia, celle de Montpellier à saint Firmin, celle de Montpelliéret à saint Denis. L'oratoire primitif de la Vierge resta au milieu des deux groupes paroissiaux, commun entre eux en quelque sorte, avec le caractère particulier d'*église de vœux*, que lui donna Argemire, lequel, d'après d'Aigrefeuille, aurait aussi obtenu du pape Grégoire IV une bulle concédant les largesses spirituelles de l'Église aux fidèles qui enrichiraient la chapelle de leurs dons. Nous aurons bientôt occasion de relever, sous le pontificat d'Abbon, successeur d'Argemire, l'éclat qu'elle commençait à jeter dès lors, par les nombreux miracles qui s'y opéraient.

Les deux bourgs primitifs ont grandi; ils tendent l'un vers l'autre, mais sans encore se toucher, et quelques siècles doivent s'écouler avant qu'ils soient réunis de droit, comme ils le seront bientôt de fait par l'influence de Marie. La dualité de formation d'abord, de juridiction ensuite qui caractérise l'histoire de Montpellier, a été relevée avec soin par le meilleur des historiens de cette ville; celui de Notre-Dame des Tables ne doit-il pas signaler sinon l'unique, à coup sûr la principale parmi les causes de transformation de cette dualité en une heureuse et féconde unité? Qu'on se figure Montpellier bâti sur la hauteur qui domine la Valfère du côté

de Saint-Firmin, Montpelliéret sur l'emplacement
actuel de l'Esplanade et entre ces deux noyaux primitifs de population un troisième, la chapelle de la
Vierge, située à l'endroit où s'élève aujourd'hui la
Halle aux Colonnes. Si l'on tient compte de la dévotion qui attirait de préférence à cette chapelle,
comme à celle des premiers et tristes jours de l'exil,
des faveurs qu'y répandait le ciel, du groupement
des tables du commerce autour de cet édifice, on
concevra quel rôle de centralisation il fut appelé à
jouer au ixᵉ siècle et au xᵉ. Quelque logique qu'elle
soit d'ailleurs, ce n'est point là une simple hypothèse de notre part : des documents certains nous
prouvent, sous Guilhem V, l'existence de maisons
contiguës à l'église et d'autres, sous Guilhem VI,
en mentionnent la démolition. Nous sommes donc
en droit d'affirmer que la réunion des deux bourgs
en une ville s'opéra sous l'action même du culte de
Marie.

Et cependant, si la dualité disparaissait quant à la
formation, elle s'affirmait, à cette même époque,
dans la juridiction. Montpellier naissant ou plutôt
ses deux bourgs appartenaient aux comtes de Substantion ou de Melgueil. Portés dans la maison de
Lodève par une de leurs filles, nommée Blitgarde
ou Eustorgie, ils échurent en héritage à deux nobles
damoiselles, ses filles et les sœurs de l'illustre saint
Fulcran, lesquelles, nous disent les vieux auteurs, dé-
sireuses de se ménager les biens du ciel, renoncèrent
à ceux qu'elles avaient reçus de leurs ancêtres pour se

retirer dans un monastère. Les deux sœurs, dont l'une s'appelait Judith et l'autre peut-être Elisabeth-Marie, firent à Ricuin II, évêque de Maguelone, une donation de Montpellier et Montpelliéret, sans nulle réserve ni retour pour l'avenir: exemple d'actes plus fréquents que jamais aux approches de l'an mille.

L'évêque ne garda pas longtemps le premier et le plus considérable de ces deux bourgs. Séduit par sa position et par les espérances d'avenir qu'elle offrait, un noble chevalier, nommé Gui, vassal du comte de Melgueil pour quelques terres, sollicita et obtint de Ricuin II l'investiture féodale de Montpellier; Montpelliéret resta à l'évêché de Maguelone. Faite suivant la coutume du temps, cette inféodation stipula réserve en faveur de l'évêque des églises, de leurs clercs, dîmes et revenus. L'église votive de la Sainte-Vierge fut comprise dans la circonscription du fief concédé, tout en en restant indépendante par cette clause: observation que nous tenons à faire pour la suite. Gui était donc devenu possesseur de Montpellier; mais il semble que Ricuin, en le lui cédant, ait voulu lui en faire partager symboliquement la domination avec Celle qui, dans ces siècles de foi, était la haute, noble et benoîte *Dame* par excellence, *Madame Sainte Marie*, comme on disait alors. Gariel nous assure en effet que « Ricuin fit representer la ville » par sa partie la plus eminente et la plus forte et » mit la Vierge au-dessus en qualité de sa bonne » Tutrice et de sa fidele Protectrice; pour faire

» deux choses à la fois : admirer la belle et triom-
» phante Estoille de la mer sur un mont qui devoit
» avoir un jour du commerce et de l'empire sur
» toutes les mers et faire cognoistre à tous que ce
» mont et la ville qu'il portoit, estoient un vray fief
» de la Reyne du ciel », — « et ce fut le commence-
» ment de nos armes », ajoute-t-il, le plaçant ainsi
vers l'an 990.

Qu'au mont reçu de Ricuin Gui ait substitué,
comme descendant ou allié, mais tout au moins
ami fidèle des comtes de Toulouse et Saint-Gilles,
la pomme que ces seigneurs portaient dans leurs
armes et à laquelle une curieuse légende assigne une
céleste origine, peu importe d'ailleurs. Mont ou
pomme, la signification reste la même : c'est toujours
l'emblème de la terre, qui prime tout à cette époque,
placé aux pieds de Marie en signe d'hommage et de
fidélité, à l'heure même où Montpellier entre, par
l'investiture de Gui, dans la vie féodale qui domine
plus de trois siècles de l'histoire.

II.

LES descendants et successeurs de Gui se mon-
trèrent-ils fidèles à cet engagement tacite de leur
aïeul à protéger le culte de Marie dans son fief ?
A cause de la complète pénurie de documents sur les
quatre premiers Guilhems, nous ne saurions répondre
à cette question. Mais l'histoire s'éclaircit sous

Guilhem V et, à ses premières lueurs certaines, nous retrouvons la chapelle primitive de la Sainte-Vierge, devenue, par ses progrès et ses accroissements, l'église *Sainte-Marie de Montpellier.*

Cette dénomination, qu'elle garda durant tout le xii° siècle, apparaît pour la première fois dans un curieux document daté de la fin du xi° et qui nous semble digne d'être résumé ici. Mais avant de rapporter la scène intéressante et significative à laquelle il nous fait assister, à huit siècles de distance et avec la différence de mœurs qu'entraîne un tel intervalle, quelques détails deviennent nécessaires.

Guilhem V, fils d'Ermengarde et seigneur de Montpellier, s'étant emparé, de même que Guillaume de Montpelliéret, son parent, et peut-être de concert avec celui-ci, des clercs et revenus des églises de Montpellier et Montpelliéret, les deux usurpateurs furent accusés de félonie par l'évêque de Maguelone et ses chanoines. Ces derniers intervenaient comme partie, en vertu de la cession des dites églises, consentie à leur bénéfice par leur fondateur, Arnaud Ier le grand. Pris pour arbitres, trois prélats : Pierre, archevêque d'Aix, Hugues, évêque de Grenoble, et Désiré, évêque de Cavaillon, condamnèrent Guilhem V et Guillaume de Montpelliéret à *guerpir* (qu'on nous pardonne de conserver le mot) les églises usurpées et à donner certaines compensations pécuniaires qui sortent de notre sujet.

Les délinquants se soumirent et, le 1er janvier 1090 (1091 selon notre supputation actuelle),

intervint un accord ou *plaid* entre eux et l'évêque
et ses chanoines. En présence d'une nombreuse
assemblée, où figuraient comme ecclésiastiques avec
Godefroy, évêque de Maguelone, l'archidiacre de
Lodève, Alquier, le prévôt de Maguelone, Pons, et
tous les chanoines de cette église ; comme laïques
Guilhem V, Guillaume, son parent, Guillaume.
Arnaud de Pignan et Béranger de Vailhauquès,
le seigneur de Montpellier dut se soumettre à
prononcer la formule suivante de serment de
fidélité :

« Ecoute, Godefroy, évêque de Maguelone. Moi,
» Guilhem, fils d'Ermengarde et seigneur de Mont—
» pellier, je promets, dès cette heure et pour
» l'avenir, de t'être fidèle, à toi, à saint Pierre et à
» l'Église de Maguelone pour tout ce que possède
» aujourd'hui cette Église et pour tout ce qui appar-
» tient à la communauté des chanoines. Et à mon
» escient, je ne prendrai rien de ce que possèdent
» l'Église et les chanoines actuels ni leurs successeurs.
» Et si je le fais sans le savoir, je promets dans le
» délai de deux mois de rendre la chose prise au
» moins ou même de rendre davantage, quand j'en
» serai instruit. Et si homme ou femme cherche à
» porter dommage à ladite communauté ou à lui
» prendre quelque chose, averti par le prévôt ou
» par quelqu'un des archidiacres, je prêterai fidèle-
» ment aide à saint Pierre pour retenir ou recouvrer
» ce qu'on chercherait à lui enlever, ainsi qu'il est
» écrit ici et qu'un clerc peut le lire et le com-

» prendre, et cela sans y manquer. Et à mon escient
» je le tiendrai et observerai sans la moindre infrac-
» tion. Et à toi, Godefroy, évêque, de tout ce que
» tu possèdes et dois posséder aujourd'hui, ou de
» ce que tu acquerras désormais à ma connaissance,
» je ne te prendrai nulle chose, ni homme ni femme,
» par mon ordre ou mon consentement. Que Dieu
» me soit en aide, ainsi que ces saintes reliques
» [pour observer mes engagements.] »

La naïve répétition, jugée alors nécessaire et qui
nous fait sourire aujourd'hui, de l'engagement de
Guilhem à respecter les droits de l'Église de Maguelone, la solennité de la cérémonie, la sanction
donnée au serment par l'invocation du nom de
Dieu et l'attouchement des saintes reliques, tout se
réunit pour nous peindre sans doute les mœurs
violentes du siècle, mais aussi l'autorité de l'Église
sur ces rudes usurpateurs des choses sacrées.

Comment s'étonner donc de voir Guilhem V
n'oser qu'après cette promesse de fidélité si complète
et si explicite demander humblement à l'évêque le
fief de Saint-Pierre, que le jugement de l'assemblée
l'avait condamné à perdre, et Godefroy ne l'en
investir de nouveau qu'à la suite de ce curieux
dialogue :

— « Reconnais-tu avoir meilleur bénéfice de
» moi et de saint Pierre que de tout autre seigneur ?
» Et reconnais-tu qu'il t'est plus avantageux d'être
» homme (vassal) de saint Pierre et de moi que de
» tout autre seigneur ?

— » Je le reconnais.

. — » Rends-tu à Dieu, à saint Pierre et à moi
» l'église Sainte-Marie de Montpellier, avec toutes
» les autres églises de cette ville, leurs dépendances,
» alleux, etc.?

— » Je les rends. »

Alors l'évêque l'investit de tout le fief de ses
prédécesseurs, à l'exception de l'église Sainte-Marie,
de ses clercs et des autres églises ; et il lui pardonna
toutes ses offenses, à la condition qu'il ne fût plus
infidèle et désormais ne refusât pas le service dû,
comme il l'avait déjà fait.

Quelque solennel qu'eût été l'accord précédent,
nous n'oserions affirmer que Guilhem en ait rempli
les conditions avec empressement, quand nous le
voyons en exécuter la teneur seulement deux ans
après. Une nouvelle assemblée, réunie dans l'église
Saint-Nicolas (située rue Aiguillerie et détruite
pendant les guerres de religion), fut chargée de
ratifier, le 24 avril 1093, dimanche de Quasimodo,
la restitution par Guilhem V des églises de Montpellier, parmi lesquelles figure, seule encore désignée
par son nom, celle de Sainte-Marie. Nous pourrions, il est vrai, pour dégager le seigneur de Montpellier, attribuer à Guillaume de Montpelliéret, visé
aussi bien que lui dans l'acte, le retard apporté à
l'exécution de l'accord. Le document de 1093, mentionnant que Guilhem se soumit « spontanément,
» de sa libre volonté et pour obtenir la rémission de
» ses péchés », confirmerait cette assertion.

Scène curieuse que nous n'avons pas hésité à rapporter, parce que l'acte qui nous la décrit, nous révèle avec le nom de notre église à cette époque, ses richesses déjà capables d'exciter la cupidité de Guilhem V, son rang prédominant au milieu des églises de Montpellier, parmi lesquelles elle est seule nommément mentionnée, enfin sa situation matérielle à l'égard de ses bénéficiers, qui donna lieu d'ailleurs à d'autres différends.

Cette revendication de l'évêque Godefroy a en effet pour contre-partie, en quelque sorte, celle qu'en firent les chanoines de Maguelone sur un de ses successeurs, Raymond, vers 1152. Choisis pour arbitres, Pierre, archevêque de Narbonne, et Pierre Raymond, évêque de Lodève, décidèrent que l'église Sainte-Marie, libre de toute charge envers Raymond, sauf de l'obédience épiscopale, serait mise à la disposition des chanoines. Il est problable que la sentence s'appuya sur la donation que leur en avait faite Arnaud, leur fondateur.

Revenons à Guillem V. Non-seulement il ne renouvela plus ses sacrilèges usurpations, mais il sut encore pieusement les réparer. Car c'était une noble et fière race que celle de nos Guilhems, au caractère bien féodal, bien marqué du cachet de leur époque. Aussi capables de spolier les temples sacrés que de les enrichir, d'enfreindre les lois les plus graves de l'Église que d'embrasser ses plus minutieux conseils ; soigneux d'accroître la fortune de leur maison sans doute, mais jamais au prix de la

trahison; vaillants parmi les vaillants, en Orient et
en Espagne, ou saints dans les cloîtres les plus
austères, comme à Grandselve; libéraux de reliques
envers les églises, de largesses pour les monastères,
avides pour eux-mêmes d'indulgences et de grâces
spirituelles : on en conviendra, ce qui domine dans
cette esquisse rapide de leur physionomie morale,
c'est la piété. C'est elle aussi qui détermina le fils
d'Ermengarde, avant son départ pour la Terre-Sainte
(probablement en 1096, époque de celui de Raymond IV de Toulouse, son suzerain et son ami,
dont il ramena le fils en 1107), à placer son fief
sous la protection spéciale de la Vierge, comme
Gariel le rapporte en des termes que nous citons.
Après avoir insinué que le sceau transmis à Gui par
Ricuin II avait été modifié quelque temps sous l'influence d'évènements que nous ignorons complètement, et que la figure du mont dominé par la Vierge
avait été remplacée par un simple rond dans
l'écusson, le vieux chanoine ajoute : « Guilhaume ,
» fils d'Ermengarde, corrigea cette impiété; et ayant
» vu la vierge sur ses armes comme sur un throsne
» de grâce et de gloire lorsqu'il meditoit son voyage
» de la Terre saincte, cette vision si belle et si
» agreable le toucha si sensiblement qu'il la fit
» peindre deslors de la sorte que nous l'avons et
» que nous la représentons d'ordinaire. » — « Avant
» son départ, se voüant à la Saincte-Vierge, il la
» remit en mesme temps sur ses armes afin qu'elle
» en fut le cimier et le couronnement. Mesme on

» dit qu'il fit mettre dans ce beau vœu ces mots à
» l'entour de ses propres armes et d'un sceau où
» cette auguste Reyne de l'univers estoit assise sur
» un thrône, tenant son fils en son sein et les armes
» à ses pieds avec luy :

> » *Virgo Mater natum ora*
> » *Ut nos juvet omni horâ.* »

Ainsi donc, si quelques termes du vieil historien
peuvent paraitre obscurs, ce qui ne saurait l'être,
c'est tout d'abord la pieuse résolution de Guilhem V
de consacrer la ville à la Sainte-Vierge avant son
départ pour la croisade. Ce vœu fut accompli en
des termes que rappelle une précieuse collecte composée pour la messe quotidienne dont les Consuls
prescrivirent la célébration à Notre-Dame, en 1314.
En voici l'exacte traduction :

« Roi de gloire, Roi des Vertus, nous implorons,
» comme des suppliants, votre infinie et libérale
» bonté, afin que, par les mérites et les prières de la
» bienheureuse Marie, mère de Dieu, vous con-
» serviez dans la sainteté et l'unité de la foi ce
» peuple de Montpellier, jadis placé sous sa *tutelle*
» par son seigneur temporel; que vous le dirigiez
» dans ses conseils et le défendiez par votre con-
» tinuelle protection. »

Ce qui est non moins certain que la consécration
de Montpellier à la Vierge par Guilhem V, c'est
encore la fixation définitive du type de la Vierge
assise, tenant son fils entre ses bras, l'écusson des

Guilhems à ses pieds, et entourée de la légende touchante: *Virgo Mater*, etc., « cette oraison si courte en ses termes, si estendue en son sens », dit Gariel ; devise splendide, en effet, qui résume, avec une singulière et frappante concision, les gloires et les miséricordes de Marie, ainsi que la foi et la confiance de ses fidèles.

Dès 1096 donc la Vierge a conquis dans l'écusson montpelliérain la place qu'elle y conservera de longs siècles. Pourquoi, en marquant l'époque certaine où elle y entra sous le type connu, ne pas faire une observation commune. aussi aux siècles suivants ? L'administration municipale cesse aujourd'hui de reproduire sur les nouveaux monuments l'effigie de la Vierge dans l'écusson, se fondant sur ce que les armes de la ville ont toujours été un tourteau de gueules en champ d'argent. Nous ne nierons nullement, quant à nous, cette assertion. Nous convenons au contraire que la commune reçut des Guilhems l'écu d'argent chargé d'un tourteau de gueules, devenu les armes du consulat ; mais ce que nous affirmons hautement en revanche, c'est que, héritière des seigneurs en ce qui regardait le culte de Marie, elle se fit une gloire de suivre leur exemple, en se plaçant comme eux sous sa protection par le symbolisme des armoiries.

Nous nous expliquons, car nous tenons à élucider cette question plus grave que jamais à cette heure de démenti à huit siècles de fidélité.

Les armes d'une ville, d'une personne ne sont, à

proprement parler, que la représentation figurée de
cette ville, de cette personne; essentiellement
individuelles, puisqu'elles sont destinées à distinguer
celui qui les choisit de tout autre, c'est une sorte
d'emblème accepté comme ayant la valeur même de
ce qu'il représente. Or les armes de Montpellier,
mont sous Ricuin II, pomme, besant ou tourteau
sous les Guilhems, ont varié de forme à l'époque
féodale suivant les évènements mêmes de l'histoire
de ses seigneurs. Parvenues à la commune sous
celle d'un tourteau, elles sont ainsi figurées sur les
registres ou documents du XVe et du XVIe siècle émanant du consulat, dont elles sont la représentation
propre. Mais de ce point accordé par nous ne
faudra-t-il pas logiquement conclure, en constatant
avec Gariel sous Guilhem V, en 1096; sur un sceau
de 1246; d'après un inventaire de 1508 mentionnant
des sceaux gravés en 1362, — ne faudra-t-il pas,
dis-je, logiquement conclure que la représentation
de la Vierge avec l'écu de la ville sous ses pieds
marque la volonté évidente du seigneur et plus tard
des consuls de Montpellier (nous y reviendrons
quant à ceux-ci) de placer leur ville sous la *tutelle*
de Marie? Effacer cette vénérée effigie et ne laisser
que le simple tourteau, c'est anéantir le sens même
de l'antique écusson, destiné à rappeler la consécration de Montpellier à Notre-Dame; c'est du
contrat rayer une des deux parties, autrement dit le
déchirer; c'est de l'hommage faire disparaître le
suzerain à qui il est rendu; jadis on eût appelé cela

commettre une félonie ; aujourd'hui et toujours ce sera, en mentant à un long passé et à une vérité indéniable, répudier avec la domination de Marie, sa protection salutaire sur notre cité...

Si les faits ne parlaient pas aussi éloquemment et si leur témoignage n'était soutenu par la tradition-nelle piété de Montpellier envers Marie, nous pourrions appuyer nos assertions d'un exemple : celui d'une ville toujours française de cœur, sinon de fait, Strasbourg. L'analogie est frappante entre ses armoiries et les nôtres : une Notre-Dame assise, avec l'enfant Jésus, et sous ses pieds l'écu de la ville : une bande de gueules en champ d'argent. Or il est bien avéré que les bourgeois de Strasbourg, qui, dès 1298, louaient de leur évêque le droit de battre monnaie, qu'il avait lui-même reçu d'Otton, en 972, faisaient frapper au moyen-âge deux espèces de monnaie : l'une d'argent, courante, en pièces fort minces ou bractéates, aux armes de la ville (bande de gueules en champ d'argent) ; l'autre d'or, offrant le type de la Vierge. C'est absolument le système de Montpellier pour ses sceaux au XIIIe siècle : l'un petit pour les affaires ordinaires, aux armes du consulat ; l'autre grand pour les importantes, avec l'effigie de Notre-Dame et sa légende. Nous aimons à constater entre notre ville et celle que la France regrette avec une amertume mêlée d'espérance une fraternité plus touchante, ce semble, depuis quatorze ans.

III.

LE fils de Guilhem V et d'Ermesende de Melgueil sut dignement marcher sur les traces de son père. A son exemple (1), il rapporta de Palestine de précieuses reliques : une parcelle de la vraie croix, pour laquelle il fit bâtir une chapelle particulière et une statue de la Vierge en bois noir (apportée du ciel par les anges mêmes, suivant une tradition recueillie par Gariel), qu'il plaça en l'église Sainte-Marie. Sans rejeter absolument l'hypothèse de cette origine miraculeuse, toujours acceptable pour ceux qui ont la foi, nous tenons à établir, par quelques exemples analogues, la valeur de l'assertion du vieil historien à l'égard de la provenance orientale et de l'époque de transport de la vénérée statue.

L'extrême multiplicité des vierges noires, attestée par tous les iconographes chrétiens, en rend impossible pour notre cadre une liste complète et nous devons nous borner à quelques indications seulement à cet égard (2). Pour ne nous en tenir qu'aux

(1) Guilhem V avait apporté de Palestine le corps de saint Cléophas, parent de Notre-Seigneur et l'un des disciples d'Emmaüs.

(2) *Légendes de la Sainte-Vierge,* par J. Collin de Plancy.— Paris, Sagnier et Bray, 1853.

Histoire de l'image miraculeuse de Notre-Dame de Pradelles, par le R. P. Geyman.— Au Puy, Delagarde, 1672.

Abrégé des miracles, des grâces et merveilles, etc., de *Notre-Dame de Montaigu.* — Louvain, Denique, 1706.

Renseignements particuliers.

statues vénérées dans les plus célèbres sanctuaires
de l'Europe ou dans ceux de notre région, citons,
quant à la couleur noire et au bois incorruptible :
Notre-Dame de Pézenas, Notre-Dame de Pradelles, diocèse de Viviers, et Notre-Dame de Montaigu, près Louvain ; quant à l'attitude (Vierge
assise tenant l'enfant Jésus) : Notre-Dame de
Chartres, d'origine druidique selon quelques avis,
et Notre-Dame de Marseille, près Limoux ; quant
à cette double condition : Notre-Dame de Hal, en
Belgique, d'Einsiedeln ou des Ermites, en Suisse,
de Lorette, en Italie, d'Orléans, du Puy, de Beau-
regard à Tarascon. On voit que cette catégorie est
la plus nombreuse et renferme les vierges les plus
célèbres.

L'origine de la plupart des statues citées est
orientale et se rapporte au temps des pèlerinages qui
précédèrent l'an mille ou des Croisades. Les dimensions en varient de deux à trois pieds. Ajoutons que
Gariel nous assure que « l'image de N.-D. de
Tables estoit en tout semblable à la statue de N.-D.
du Puy », et que cette dernière est, de toutes
les vierges citées, celle dont l'origine est des mieux
établies.

On se convaincra, au chapitre suivant, par la
description de la statue noire, du degré de probabilité que donnent à nos assertions la matière et la
forme de cet objet précieux. Aux témoignages de
l'histoire en sa faveur il semble que vienne d'ailleurs
s'ajouter celui même du ciel. Nous parlerons bientôt

des nombreux miracles de la fin du XIIᵉ siècle ; la date n'en coïncide-t-elle pas justement avec l'arrivée de la vierge noire dans notre ville , avec les embellissements que reçut, pour rendre l'église Sainte-Marie plus digne de l'abriter , la modeste chapelle primitive du VIIIᵉ siècle ?

Mais ces réparations mêmes nous ramènent à Guilhem VI, qui en fut le promoteur, en des circonstances trop importantes dans l'histoire de Montpellier et celle de Notre-Dame pour n'être pas rapportées. Le XIIᵉ siècle, qui ne le sait ? est tout entier rempli par l'établissement des communes, c'est-à-dire par les efforts couronnés de succès des villes pour échapper à la tutelle féodale des seigneurs. Ce mouvement gagna toute l'Europe : communes du nord de la France , villes libres d'Allemagne, villes lombardes et républiques d'Italie ; et il est bien prouvé aujourd'hui que, dépositaires du droit romain, les villes de notre midi ne furent pas les dernières à y entrer. Déjà célèbre par sa population et ses richesses, Montpellier se montra, une des premières, jalouse de conquérir son existence politique. Si les détails complets nous manquent sur la première revendication de ses libertés et franchises, nous en connaissons assez néanmoins pour augurer que la crise fut violente, la pacification difficile et quelque peu extraordinaire.

En 1141 , Guilhem VI, contraint par les habitants de Montpellier de sortir de sa ville, se retirait au château de Lattes , d'où il implora un appui étranger

contre ses vassaux rebelles. Ni les menaces spirituelles réitérées du pape, ni l'intervention armée du
comte de Barcelone ne paraissent avoir abouti
promptement, puisque le *Petit Thalamus,* abréviateur
sans doute de quelque manuscrit plus ancien, nous
déclare laconiquement : « e durèt la batalha dous
ans. » C'est dans ces difficiles conjonctures que
Guilhem VI , se souvenant de l'exemple de David ,
nous le voulons bien avec Gariel, mais sans doute
aussi du vœu par lequel son père avait placé son
fief sous la tutelle de la Vierge bénie , et se confiant
à une protection que lui-même d'ailleurs s'était
attirée par sa piété , fit à son tour une promesse à la
benoîte et secourable Mère de Dieu. « Il promit, dit
» Gariel , que s'il pouvoit recouvrer sa ville et estre
» bien remis en paix avec tout son peuple , il feroit
» bastir une chapelle, et qu'en mesme temps il moyen-
» neroit les reparations et l'agrandissement de N.-D.
» de Tables. » Ce n'est malheureusement pas là le
texte exact du vœu , puisqu'à cette époque le sanctuaire ne portait encore que la dénomination d'église
Sainte-Marie , et nous ne pouvons connaître de
première source les intentions de Guilhem VI ; mais
l'érection de la chapelle Notre-Dame du Château ou
du Palais , première condition de la promesse, ainsi
que la tradition, dont Gariel est le représentant
autorisé, qui attribue à ce seigneur les réparations de
Sainte-Marie, rend le vœu lui-même plus que certain. Quant à son résultat, pourquoi hésiter de le
rapporter dans un livre destiné à rappeler des faits

tout aussi miraculeux ? Afin de réduire ces fiers bourgeois en armes pour leurs libertés, une intervention céleste eut lieu. Un peu avant le jour on vit briller au firmament, sur l'église Sainte-Marie, « douze belles Estoilles qui formoient une auguste » couronne d'où sembloit degouter du sang et tomber » des flames. » Considéré par la multitude comme un signe du courroux divin, cet évènement la détermina aussitôt à la soumission. Ceux qui n'admettraient pas ce fait, conviendront néanmoins qu'il y a là un merveilleux symbole de l'action de Marie sur les deux éléments alors en lutte : féodalité et bourgeoisie communale ; et que de ce récit on peut déduire la confiance qu'ils plaçaient l'un et l'autre en l'auguste Vierge, et dont la suite des évènements va nous donner de nouvelles preuves.

Avant de les rapporter, quelques mots encore sur Guilhem VI. Dégoûté du monde, il aspira à la perfection de la vie monastique et se retira dans le cloître cistercien de Grandselve, d'où il entretint de touchantes relations avec le plus illustre saint du XIIe siècle, saint Bernard. Le biographe de celui-ci, Guillaume de Bala, a laissé de notre pieux seigneur un éloge merveilleusement vrai dans sa concision : « *Magnificus in sæculo, sed magnificentior in sæculi fugâ ;* grand dans le monde, plus grand encore dans la fuite du monde », c'est là en effet le double et séduisant aspect sous lequel il nous apparaît dans l'histoire et qui lui donne une si singulière ressemblance avec son ami, l'abbé de Clairvaux. Saint

Bernard et Guilhem VI, nous aimons à rapprocher ces deux figures que Dieu se plut à réunir quelque temps sur la terre et sous le même froc monastique, car ils ont même vaillance pour la cause du Christ : tous deux zélés pour la croisade, Guilhem sous l'armure du chevalier, Bernard sous la robe du prédicateur ; tous deux fidèles à la papauté, dont Bernard est le constant soutien, Guilhem, le fils toujours dévoué ; tous deux appelés aux rudes luttes dans le cloître ou dans le château féodal, Bernard aux prises avec le fier rebelle de la foi, Abélard, Guilhem, avec des sujets révoltés contre son autorité seigneuriale. Mais surtout ils ont même piété tendre envers Marie : l'un unissant pour la louer la science des chérubins à l'ardeur d'un séraphin, le *docteur suave*, « *mellifluus* », l'auteur du *Memorare*, resté le plus illustre docteur de Marie ; l'autre ignorant toute science et demandant expressément à la Sainte-Vierge de ne savoir plus que la Salutation angélique, commentée si éloquemment par son ami ; tous deux instruits par Marie même, l'un à écrire ses louanges sublimes, l'autre à égrener humblement le rosaire plus d'un demi-siècle avant saint Dominique, dévotion touchante qui lui mérita la plus singulière faveur. On raconte en effet que, lorsque mourut à Grandselve « le pauvre et l'humble du Christ, qui jadis avait été le seigneur de Montpellier », par un miracle éclatant, un lis sortit de son tombeau à l'endroit de sa bouche, couvert de ces mots bénis : *Ave Maria*, que pendant sa vie il avait si fréquemment répétés.

Aussi comment s'étonner de la tendre affection qui unissait ces deux âmes nobles et pures, de la douleur de frère Guillaume à sa séparation d'avec le Père Bernard, et de la consolante vision qui apprit au moine de Grandselve la mort du saint abbé de Clairvaux?

Dans des pages destinées à propager le culte de Notre-Dame, on ne nous reprochera pas, nous l'espérons, ces détails consacrés à l'un de ses plus illustres dévots. Ils ont au surplus une véritable portée pour notre but, puisque nous prétendons en inférer l'insertion par Guilhem VI de l'*A* et de l'*M* près de la Vierge dans l'écusson de la ville.

Nous n'avons vu en effet aucune mention de ces lettres, on se le rappelle, dans le vœu de Guilhem V, en 1096, et nous les constatons sur un sceau de l'an 1246. L'intervalle est long, 150 ans !... Nous en convenons; mais par qui et à quel moment plus que par Guilhem VI et lors de la révolte de 1141 y a-t-il des chances semblables qu'elles aient été adoptées? Le père, consacrant son fief à Marie par un vœu solennel, l'avait mis symboliquement aux pieds de la Reine du ciel; le fils, recouvrant au moyen d'un vœu analogue sa ville disputée par la commune naissante, n'a-t-il pu vouloir marquer sa gratitude par quelque signe particulier? Et quoi de plus rationnel qu'il adoptât à cet effet les mots mêmes que nous avons vus sortir de ses lèvres si dévotement pendant sa vie, si miraculeusement après sa mort? Ici pas de document positif, donc pas de conclusion historique;

mais d'extrêmes convenances qui amènent une présomption forte à l'égal d'une certitude, quant à nous.

En se retirant à Granselve, bien peu d'années après les évènements dont nous avons parlé, Guilhem VI laissa à son fils, de même nom que ses ancêtres et connu sous celui de fils de Sibylle, avec la domination de Montpellier, le soin d'accomplir son œuvre de réparations à l'église Sainte-Marie. Il paraît, en effet, qu'il s'était borné à démolir les maisons qui entouraient l'oratoire primitif, et à préparer l'espace où son fils fit édifier, sur de plus larges dimensions que la précédente, l'église du XIIe siècle. Que Guilhem VI ait contribué de ses deniers à cette œuvre, ou qu'il l'ait simplement favorisée de son initiative et son autorité seigneuriales, nous ne saurions le décider. Nous pouvons affirmer en revanche que, dès cette époque, l'église disposait de ressources éminemment populaires: nous voulons parler du *Denier de Dieu*, impôt volontairement prélevé sur leur commerce par les *cambiadours* (changeurs), dont les tables s'adossaient contre les murs du sanctuaire. Nul doute que ces ressources n'aient été employées à cet usage; mais elles ne durent pas paraître suffisantes à Guilhem VII et aux bourgeois de Montpellier puisqu'à leur commune requête, en 1157, le pape Adrien IV, attaché à notre pays par des souvenirs d'enfance, affecta, pour cinq années, le produit des oblations de l'autel de Saint-Sauveur, très célèbre au moyen-âge, aux réparations commencées. On ne saurait douter des résultats obtenus; ils sont prouvés par les beaux travaux de l'époque et s'expliquent aisément par une dévotion déjà ancienne, comme nous espérons l'avoir prouvé; suffisamment établie à la fin du xe siècle pour permettre à Gariel d'affirmer que sous Ricuin II « il » n'y eust ruē où ceste grande Reyne n'eust une » image, devot dans la ville qui ne vint une fois le » jour, ny dans le pays qui ne vint du moins une » fois l'année protester sa fidélité et son amour au » Sauveur aux pieds de sa saincte Mère »; augmentée enfin de jour en jour par l'exemple des seigneurs et plus encore par les grâces nombreuses qu'elle attirait sur Montpellier.

CHAPITRE II.

DE L'ÉDIFICE MATÉRIEL
ET DES MIRACLES ET PÈLERINAGES
QUI S'Y ACCOMPLIRENT.

I.

TANT de dévotion de la part des évêques de Maguelone, des seigneurs et du peuple de Montpellier devait aboutir et aboutit en effet, nous l'avons déjà laissé soupçonner, à cette forme visible et palpable de la piété, à l'érection d'une église digne de l'amour de nos pères pour leur bénie protectrice.

Aux origines du culte, nous avons déjà parlé de celles de cette église. Construite dès les commencements mêmes de Montpellier et de Montpelliéret, elle ne fut tout d'abord qu'une petite chapelle, bâtie fort probablement dans le style roman de l'époque, comme il paraît par la porte de la façade, qu'on peut avec raison supposer porte primitive. Tous autres détails manquent sur la forme première de l'église, ainsi que sur les réparations qu'y firent exécuter les évêques Argemire et Arnaud Ier.

Les documents ne sont guère plus explicites au sujet de son agrandissement sous les Guilhems.

Désormais connue sous le nom de Sainte-Marie de Montpellier, elle était considérée comme la plus importante du lieu. Nous avons déjà eu occasion de parler de la démolition des maisons attenantes au sanctuaire et des embellissements de Guilhem VII, qui se poursuivirent durant toute la fin de ce siècle et le commencement du suivant. Ce qui est positif, c'est que l'église atteignit à cette époque les dimensions qu'elle ne dépassa plus dans les siècles suivants, et qu'elle fut ornée dans le style gothique, qui régnait alors sans partage. Comptant donner plus tard une description du saint édifice renversé par les calvinistes, nous nous contentons de revendiquer pour l'époque qui nous occupe de larges piliers carrés, garnis de piédestaux, chapiteaux et frises artistement fouillés; et surtout la célèbre aiguille, dont les « sculptures et les beaux reliefs » parurent dignes, lors de sa reconstruction, en 1393, d'être conservés avec soin et sous l'obligation « imposée à la conscience du peyrier Jehan Bosquet. »

Mais dans cet édifice saluons dès maintenant la statue miraculeuse qu'il abritait. Elle était d'un bois noir, luisant, incorruptible, répandant une odeur « très douce et très charmante », tous détails qui confirment la qualification de bois de Sethim que lui donne Gariel, et amènent sous sa plume une comparaison avec l'Arche de l'antique alliance. Les dimensions de cette statue nous sont fournies par un passage du *Petit Thalamus*, où il est dit qu'en 1384, pour la confection du resenh, on mesura « les images de Notre-Dame et de son Fils. » Le contexte indiquant qu'il est question d'une seule statue et que le pluriel « *images* » se rapporte aux deux figures (la Vierge et l'Enfant), nul doute que ce ne soit de la statue de bois, plus vénérée que celle de l'orfèvre, dont nous parlerons plus tard, qu'il s'agisse. La hauteur de la Vierge est indiquée comme étant de trois palmes un tiers, soit 83 centimètres, le palme de Montpellier valant, d'après les recherches de nos archéologues, 25 centimètres. Le pourtour de la statue à son endroit le plus large, c'est-à-dire enserrant le corps de la mère et de l'enfant, est de trois palmes ou 75 centimètres. Ces dimensions sont parfaitement harmonieuses entre elles, si l'on se rapporte au type dont Gariel nous a transmis le souvenir. La Vierge était représentée assise sur une chaise ou trône, et tenait entre ses bras et pressé sur son sein le divin Enfant. Cette statue était connue sous le nom de « *la Magestat antiqua* », à cause de son attitude et de son ancienneté, ou « *la Noire* » en raison de sa couleur.

II.

Tout en pouvant donc augurer beaucoup de la beauté de notre sanctuaire à cette époque, nous pensons néanmoins que le plus bel ornement de ses voûtes gothiques fut le spectacle dont elles devinrent fréquemment les témoins : celui des bienfaits de la

Vierge envers les fidèles qui l'invoquaient. Nous ne prétendons prouver ni le miracle en lui-même ni ceux de Notre-Dame des Tables en particulier : quant au premier point, notre travail n'est pas un livre de controverse religieuse ; quant au second, il nous paraît inutile de nous attarder à des preuves déjà données et si évidentes. L'institution d'une fête particulière pour célébrer ces miracles, l'existence d'un livre spécial où ils étaient relatés, le témoignage qu'en rendent des papes dans leurs bulles et des historiens écrivant à des époques et en des lieux différents, la reconnaissante dévotion des fidèles, tout se réunit pour trancher la question de la manière la plus affirmative. Il nous importe donc plutôt d'en rechercher la date première et le caractère spécial.

C'est sous le pontificat d'Abbon , successeur immédiat d'Argemire, que nous trouvons la première mention des miracles opérés à Montpellier par l'intercession de l'auguste Mère de Dieu. Ils paraissent déjà jeter un éclat assez grand pour que le pieux évêque engage le pape Jean VIII, alors en France (878), à visiter la chapelle où ils s'opéraient. Mais c'est surtout à la fin du xııᵉ siècle qu'ils devinrent aussi nombreux que célèbres. Aucun détail de ces miracles ne nous est malheureusement resté ; ils étaient inscrits dans le livre que nous venons de ·mentionner et qui figure ainsi sur un inventaire des joyaux et objets du consulat, à la date de 1508 :

Item ung libre escript en parguemin, couvert de posses

*an cinq bothons de loton ont sont escriptz los miracles
de Nre Dame de Taulas, par dessus las armas de la
ville et la pourtraicture de Nre Dame tenant son enfant aux bras.* Avec tant d'autres, ce livre fut brûlé,
en 1621, à l'incendie de la Canourgue. Faisons
observer que les divers miracles rapportés au cours
de cet ouvrage sont tous postérieurs au XIIe siècle,
qu'ils ne furent donc pas au nombre de ceux qui
amenèrent l'établissement de la fête spéciale des
Miracles, et qu'il est ainsi absolument certain que
nous connaissons seulement une infime partie des
glorieux bienfaits de Marie dans son église privilégiée.

Tous les documents qui placent l'institution de
cette fête aux dernières années du XIIe siècle, la
marquent aussi à l'an 1189. Elle est indiquée par
Gariel dans le *Series Præsulum* sous le pontificat de
Jean de Montlaur Ier qui mourut en 1190; dans l'*Idée
de la ville de Montpelier*, d'après une version du *Petit
Thalamus*, au mois d'août de l'an 1189. C'est aussi
l'opinion des éditeurs du *Propre diocésain* qui parut en
1763. Ce mois et le dernier jour de ce mois, 31 août,
d'après le texte de la collecte alors composée, fixent
la date exacte du commencement des miracles si
célèbres à la fin du XIIe siècle : « *Deus, qui præsentem
diem.... miraculorum tuorum initiis decorásti.* »

Nous pouvons donc affirmer avec certitude qu'en
l'an 1189 l'évêque de Maguelone, Jean de Montlaur Ier, touché des nombreux miracles accomplis
à Sainte-Marie de Montpellier, institua le 31 août,

pour témoigner à la Sainte-Vierge la reconnaissance des peuples soulagés de leurs misères, la fête solennelle que toute la ville célèbre encore aujourd'hui avec tant de piété.

En écrivant cette date placée au déclin d'un siècle, époque où la Providence nous a aussi appelés à vivre, nous nous permettrons de formuler un vœu. Qui ne sait à quel point on se montre jaloux aujourd'hui de fêter le centenaire d'évènements célèbres ? Pourquoi l'année 1889, dont quatre ans seulement nous sépareront à l'heure où paraîtront ces lignes, ne verrait-elle pas la catholique cité de Montpellier célébrer le septième centenaire de la fête des Miracles toujours chère à sa religieuse population ? C'est un vœu que nous déposons, avec la vivacité de notre foi, aux pieds de la Vierge-Mère et pour l'accomplissement duquel nous faisons appel à tous ses fidèles et dévots.

Quant au caractère spécial de ces miracles, il nous paraît de nature à inspirer la plus vive confiance comme la plus tendre gratitude. On sait que, de tout temps renommé par l'habileté de ses praticiens, Montpellier, « *cette source de l'art médical* », selon l'expression de Césarius, moine d'Heisterbach, voyait affluer les malades dans ses murs. En rapportant après M. Germain, certes peu suspect de mauvais vouloir envers une école dont il a soigneusement relevé les gloires, les paroles mêmes du moine cistercien, nous ne craignons pas d'être nous-même taxé de partialité à son égard.

« A Montpellier, source de l'art médical, la
» Vierge Marie opère de si nombreuses guérisons
» dans son église, que les médecins, jaloux de ces
» faveurs, ont coutume de dire aux malades pauvres
» qui viennent leur demander le remède à leurs
» maux : « Allez à l'église Sainte-Marie, offrez-y un
» cierge et vous serez guéris. » Et bien qu'ils parlent
» ainsi ironiquement, les pauvres, repoussés par eux,
» se rendent à cette église et y sont guéris. »

Au surplus voici le texte de Césarius :

« *In Montepessulano, ubi fons est artis physicæ,
tantas operatur* (Virgo Maria) *sanitates in quâdam
suâ Ecclesiâ, ut medici gratiæ invidentes, pauperculis
infirmantibus et pro remedio sanitatum ad se confluen-
tibus, dicere soleant : Ite ad ecclesiam Sanctæ Mariæ,
deferte ei lumen et accipietis sanitatem. Et cùm hoc
ironicè dicant, pauperes, ab eis passi repulsam, ad ipsam
confugiunt et sanantur* » (1).

Ironie, suivant l'opinion de Césarius, ou foi,
selon la nôtre, de la part des médecins montpellié-
rains produit le même effet, celui d'envoyer les
malades à l'église Sainte-Marie, amène le même
résultat, leur guérison miraculeuse. Il nous plaît
infiniment, nous l'avouons, de voir les miracles de
notre bien-aimée Vierge de Montpellier entourés de
ces preuves qu'exige notre siècle : la constatation du
mal par la science et l'implicite aveu de sa propre

---

(1) Cœsar. Cisterc., *Illustr. miracul. et histor. memorab.*,
lib. VII, cap. 25.

impuissance, sûr garant de la nécessité d'une intervention surnaturelle.

A ce détail de l'emploi des cierges, relevé par
Césarius et si bien dans les mœurs religieuses
de notre ville au moyen-âge, joignons-en un
autre fourni par Gariel. « L'eglise des saints
» Cosme et Damien (avec saint Luc protecteurs des
» medecins) recevoit, dit-il, force vœux des malades,
» qui enfin se terminoient tous comme au comble
» de la devotion et de l'esperance à N. D. de
Tables. » Ce seul trait, il nous semble, suffirait à
établir l'alliance de la science et de la foi dans notre
ville à cette époque, alliance dont nous aurons à
parler ailleurs.

C'est donc sous cet aspect particulier que rappelle
l'Église dans ses litanies : « *Salus infirmorum, santé
des infirmes* » que Notre-Dame nous apparaît dès le
XIIᵉ siècle ; c'est ainsi qu'elle signalera de préférence
dans tous les âges son influence salutaire : cessation
de fléaux publics et guérisons individuelles viendront
à leur date sous notre plume d'historien.

III.

UNE église pareillement privilégiée devait attirer,
on le conçoit, grand concours de fidèles ; aussi
ses portes « *triomphantes en miracles* », suivant le
mot de Gariel, virent-elles de nombreux pélerins.
L'article XXXᵉ de nos Coutumes, publiées en 1204,

mais antérieures à cette époque, témoigne formelle-
ment de l'usage préexistant des pélerinages. Il
stipule garantie pour deux jours et deux nuits en
faveur des étrangers qui viennent prier à l'oratoire
de Marie. Nous n'avons certainement pas la prétention de ranger cette église au nombre des
sanctuaires si célèbres au moyen-âge dans toute
l'Europe chrétienne ; mais on nous permettra de
faire remarquer que, placée entre Rome et Com-
postelle et sur le chemin de l'une à l'autre, elle dut
voir plus d'un illustre pénitent s'agenouiller devant
son antique statue, entre deux stations aux saints
tombeaux des apôtres du monde et de l'Espagne.
L'exemple de Bernard de Melgueil, surnommé le
Pénitent, qui, parti de l'église Saint-Pierre de
Maguelone, vint prier à Sainte-Marie de Montpellier,
en l'an 1170, et de là se rendit à Jérusalem avant
de s'enfermer dans un monastère, ne confirme-t-il
pas puissamment notre assertion ?

A aucune époque d'ailleurs plus qu'à celle qui
nous occupe, Montpellier ne vit dans ses murs,
l'église Sainte Marie, sous ses voûtes de plus augustes
visiteurs. Fréquemment forcés, par les prétentions
armées des empereurs d'Allemagne et les troubles
populaires de Rome, de quitter momentanément
leur ville, les papes implorèrent souvent asile des
rois de France. Par sa position sans doute et son
importance sur une côte dénuée de ports, mais plus
encore par les étroits liens qui l'attachaient au
Siége apostolique, depuis la donation de son comte

Pierre, Maguelone fut toujours le lieu de débarquement des pontifes proscrits. Sa voisine, Montpellier, en bénéficia et reçut successivement Urbain II, le promoteur des Croisades ; Gélase II, qui alla finir dans la paix de Cluny une vie sainte et persécutée ; son successeur, Calixte II; Innocent II ; Adrien IV, l'ancien diacre de Melgueil, qui expédia en faveur de l'église Sainte-Marie une bulle déjà citée, page 24 ; enfin Alexandre III, le noble et persévérant défenseur de l'Église et de l'Italie contre Frédéric Barberousse. Aussi ne craignons-nous pas d'affirmer que nul sanctuaire, à un tel rayon d'éloignement de Rome et dans un si court intervalle, ne vit s'agenouiller sous ses voûtes autant de papes. Au témoignage de Gariel l'église Sainte-Marie compta des visiteurs d'un autre genre. Attirés par le bruit des miracles nombreux qui s'y opéraient, les Sarrasins d'Espagne y accouraient aussi, et bon nombre trouvèrent la santé de l'âme, c'est-à-dire la foi, là où les chrétiens recouvraient la santé du corps.

DEUXIÈME PÉRIODE

DU XIIIᵉ SIÈCLE AUX GUERRES DE RELIGION.

CHAPITRE III

DE L'INFLUENCE DU CULTE
DE NOTRE-DAME DES TABLES SUR LA VIE MUNICIPALE
DE MONTPELLIER.

I.

DANS un livre destiné à retracer l'histoire et surtout la vie de Montpellier au moyen-âge, M. Germain le définit : « Une com-» mune à la fois chrétienne, démocratique et » savante, type remarquable de l'alliance alors si » générale du catholicisme avec les lumières et la » liberté... distinguée par ses progrès, parce qu'elle a » été profondément et fermement catholique. »

En applaudissant à ce jugement si souvent répété sous mille formes diverses au cours de l'ouvrage, et en constatant avec l'éminent professeur la physionomie toute religieuse de notre cité du XIIIᵉ au XVIᵉ siècle, nous n'hésitons pas à en rapporter la cause et la gloire au doux empire exercé sur elle par Marie. Unies par leur origine, la ville et la dévotion le furent une fois de plus aux yeux de l'histoire dans un acte à jamais célèbre pour Montpellier, qu'il érigea définitivement en commune.

C'était en 1204; Pierre II d'Aragon venait d'épouser Marie, fille de Guilhem VIII et son héritière, en dépit des intrigues d'Agnès et de l'usurpation de Guilhem IX, fils de celle-ci. Le 17 juin, il avait fléchi le genou en l'église Sainte-Marie devant Guillaume d'Altiniac, évêque de Maguelone, et lui avait prêté serment d'hommage pour ce beau fief de Montpellier, objet de ses convoitises. Le 14 août suivant, la même église réunissait dans son enceinte, presque toute remplie, le peuple joyeux de la charte de ses libertés et franchises que lui octroyaient Pierre et Marie. C'est dans cet acte qu'apparaît, pour la première fois, la dénomination de *Notre-Dame des Tables*, que nous emploierons désormais exclusivement. La charte de 1204 fut complétée en 1212, 1221 et 1223 par des dispositions supplémentaires publiées, comme elle et au milieu d'une semblable affluence, dans la même église, ainsi devenue en quelque sorte le berceau de la vie municipale de Montpellier.

Née sous de tels auspices, la commune se montra fidèle à ses origines. Ses représentants, les consuls, élus le premier jour de mars, entraient en charge le 25, après un serment prêté en l'église Notre-Dame, et leurs actes montraient bien qu'ils n'avaient point vainement pris la Sainte-Vierge à témoin de leurs engagements. Tandis que, de l'avis des hommes

compétents, les coutumes de Montpellier se distinguent par leur esprit de justice, les consuls à leur
tour se font remarquer par la sagesse et la modération de leur administration. Pourquoi ne pas penser
qu'une inspiration d'en-haut guida constamment
leur conduite ? Eux-mêmes n'appelaient-ils point ce
secours du Ciel en établissant la maison consulaire
si proche de N.-D. des Tables, en assemblant leurs
conseils au son de ses cloches, en invoquant au
début de toutes leurs ordonnances le nom de Dieu
et de « *Madona Verges santa Maria* », en les confirmant avec le sceau à l'effigie de la Vierge, qu'ils
avaient reçu des Guilhems.

Comme nous l'avons laissé entrevoir plus haut, la
commune s'était en effet empressée de recueillir
cette marque d'hommage dont ses anciens seigneurs
lui avaient légué l'exemple. Gariel nous apprend,
nous l'avons déjà dit, que, dès le XIIIe siècle, il y
avait deux sceaux : l'un petit pour les affaires
courantes, frappé aux armes du consulat ; l'autre
grand pour les plus importantes, où les armes de la
ville étaient représentées aux pieds de la Vierge,
flanquée des deux lettres A M et entourée de la
légende :

> *Virgo Mater, natum ora*
> *Ut nos juvet omni horá.*

Il y eut quelques variations dans l'aspect des
lettres A M : elles affectèrent la forme gothique et
l'on a voulu en inférer une leçon dont tous les
documents rejettent l'exactitude, suivant laquelle il

faudrait lire Ā et ധ — Il y en eut aussi dans la
légende, et les voici :

    1° *Virgo Mater , audi nos in omni horá.*
    2° *Virgo Mater , natum ora*
     Et nos audi in omni horá.

— Il y en eut enfin dans la pose de la Vierge , représentée le plus souvent de face, mais parfois de
profil (1258). Mais ni l'attitude même (Vierge assise
tenant l'enfant Jésus dans ses bras), ni l'insertion des
lettres et d'une légende au sens touchant et identique
dans ses diverses variantes ne sauraient être mises
en doute ; et d'un sceau à l'autre ininterrompue la
tradition a passé de Guilhem V aux funestes guerres
de religion.

    Elle reçut , en 1362 , une consécration solennelle
par l'exécution que les consuls firent faire à Paris de
deux sceaux d'argent, pour lesquels le grand sceau
du xiiie siècle servit de modèle, et que mentionne
ainsi un inventaire déjà cité : « Item ung grant sagel
» d'argent daurat ont es gravada lymaige de Nostre
» Dame ambe los armes de la ville dessoubs et a en
» escript à l'environ *Sigillum consulum ville Montis-*
» *pessulani.* »

    « Item ung autre petit sagel ont a en escript *Sigil-*
» *lum parvum consulum Montispessulani.* Losquals
» dos sagels se tenon avecques une cadene d'argent,
» poysans tous ensemble ung marc une once xiii
» deniers en son estuy de coyr ambe los armes de
» la ville. »

    Nous n'insisterons pas davantage sur ce que

nous avons dit au premier chapitre de notre histoire
à l'égard des armoiries ; constatons seulement qu'en
plaçant au portail de Montpelliéret, en 1495 , et à
celui du château de Caravètes, propriété du consulat,
ainsi qu'il appert du même inventaire de 1508 ,
l'effigie de la Vierge , les consuls entendaient lui
donner une preuve non équivoque d'hommage
fidèle et filial.

Les magistrats municipaux n'étaient d'ailleurs pas
les seuls à venir, dès leur entrée en charge, s'agenouiller aux pieds de Marie. A leur tour, le matin
du 24 juin , jour de la Saint-Jean , le bailli et les
officiers curiaux qui l'assistaient, représentants de la
justice, venaient promettre « de tenir et garder raison
» et droit à toutes personnes et à chacune en par-
» ticulier, quelle qu'elle soit et d'où qu'elle soit ;...
» de juger selon ce qu'il sera avéré et la conscience,
» rejetant toute considération de colère , faveur,
» amitié , parenté , affinité ou voisinage. » Noble
formule, digne d'être prononcée au pied des autels !...

Et qu'on ne croie point que l'acquisition de Montpellier par les rois de France soit venue interrompre
cette existence originale, ces usages vraiment particuliers et caractéristiques. Non-seulement ils per-
sistèrent sous la domination royale, mais nous osons
dire qu'elle servit à les étendre même. En rattachant
notre ville au Languedoc, sa région naturelle, elle
amena plusieurs fois sous nos murs, à la fin de la
période que nous embrassons actuellement, la
réunion solennelle des États de cette province. Les

Mémoires de M. Thomas, en effet, nous assurent
que dans les années 1557, 1558 et 1560 les membres
de cette assemblée, qui tenait ses séances dans une
salle de la Loge, vinrent en corps entendre la messe
à Notre-Dame et placer leurs travaux sous la protection de Marie. Nous aurons, à une autre époque,
à revenir sur le cérémonial plus tard adopté dans
ces occasions.

II.

MAIS l'hommage dans les idées du temps
entraîne le service, et le service envers la
Reine du Ciel, c'est tout d'abord la prière. Nos
pères ne l'oublièrent pas. Permanente ou déterminée
par des occasions extraordinaires, elle garde toujours
ce caractère officiel qui en fait la prière de la cité.
Dès 1314 les consuls fondaient à Notre-Dame une
messe quotidienne, aux oraisons particulières, dont
la collecte, rappelant le vœu de Guilhem V, a été
déjà citée à la page 13. Les termes en sont formels et
marquent l'intention des consuls de placer les intérêts de la ville sous la protection de la bénie
Vierge.

A cette preuve journalière de dévotion s'en
joignait annuellement une plus solennelle encore :
nous voulons parler de la fête des Miracles et de son
mode de célébration. «Auquel jour, suivant le
» cérémonial consulaire, les seigneurs consuls vont
» à la procession avec leurs luminaires, leur poile

» et leurs ministriers tout de mesme qu'aux plus so-
» lemnelles festes. » Mais cette cérémonie, commune
à toute la ville, ne suffit pas à la dévotion des consuls ;
aussi le lendemain ont-ils leur jour particulier de
véjolade. « Le lendemain qui est le premier de sep-
» tembre, jour et feste de Monsieur Saint Gilles,
» continue le même registre, par reverence de Nostre
» Seigneur Jesus Christ et de sa bonne et vraye
» Mere, de toute la cour celeste de paradis, speciale-
» ment en l'honneur et memoire des Miracles de
» Nostre Dame de Tables, doivent les seigneurs
» consuls, accompagnés des [consuls] ouvriers, des
» consuls de mer, des autres officiers et de tout
» homme qui a robe du consulat *veïolar*. Et pour
» cette devotion devant tout sont les ministriers
» touchans et avec toute la luminaire partant du
» consulat, ils vont à l'entrée de l'eglise de N. D.
» de Tables et entrent dedans. A l'entrée qui se fait
» du costé du consulat le premier Consul distribue
» les chandelles et se fait une solemnelle procession. »

Nous parlerons ailleurs des processions si fréquentes en notre ville. Par l'immense et varié cortége
qu'elles développaient dans nos rues, elles se
rattachent à la dévotion publique ; mais par l'initiative qui les produisait l'honneur en revient aux
consuls. A eux aussi la pensée de recourir dans les
désastres publics à la protection de Notre-Dame des
Tables, et de le faire en des formes vraiment touchantes, comme on le verra bientôt.

Fidèles à la prière, les consuls l'étaient encore à

la garde de leur suzeraine chérie. L'étude des
documents de l'époque nous les montre rendant à
Marie, par une sorte de tutelle temporelle à l'égard
de son culte et de son temple, la protection qu'elle
étendait sur la cité. C'était aux consuls qu'appartenait
exclusivement le droit d'élire les *ouvriers* de N.-D.
des Tables (administrateurs laïques de l'église);
ils l'exercèrent constamment et en 1500 le défen-
dirent avec une énergique jalousie contre les
empiètements des ouvriers, comme nous aurons
à le rapporter bientôt. Non-seulement ils se réser-
vaient, par la révocation à leur gré, le pouvoir de
surveiller et réprimer les agissements de ces derniers,
mais eux-mêmes intervenaient à tout propos dans
l'administration de l'église. Celle-ci reçoit-elle le don
de quelque objet précieux, c'est le notaire même
du consulat qui en dresse acte, sorte d'engagement tacite à en garantir la conservation par
l'autorité publique : ainsi fit-on pour la vierge
d'argent, en 1327, pour le rétable de même métal,
en 1388. S'agit-il de réparations à l'édifice, la
décision en est prise par les consuls, la publication
faite par le crieur communal et suivant la formule
d'originale physionomie : *Barons, mande la cort....*,
le devis en est dressé par les consuls; mieux que
cela, ils signent la convention et le montant en est
acquitté par eux. A l'exemple de Guilhem VII, pour
se créer des ressources, ils s'adressent, en 1376, par
l'intermédiaire de Pierre de Vernobs, évêque de
Maguelone, au pape Grégoire XI, et celui-ci accorde

de précieuses indulgences aux fidèles qui voudront favoriser de leurs aumônes les réparations du xvᵉ siècle. Eux-mêmes y affectent partie d'un impôt sur le sel, appelé *blanque* et établi dès 1466.

Aussi cette église N.-D. des Tables semble-t-elle leur appartenir quelque peu. Ils ne cachent pas leurs préférences pour elle, au risque de s'attirer les réclamations du prieur de Saint-Firmin, jaaix défenseur de ses priviléges paroissiaux; ils veulent y faire la procession des Rameaux et celles des Rogations, et à force d'opiniâtreté finissent par l'obtenir. Ils ont une porte spéciale du côté du consulat pour entrer dans l'église, un banc particulier pour assister aux offices, — on nous pardonnera la vulgarité du détail, — une caisse dans le chœur pour y serrer les objets à leur usage. Les consuls se servent presque exclusivement de la grande cloche pesant 70 quintaux *(lo seutz gros)*; aussi bien appartient-elle à la ville qui l'a fait placer le 28 octobre 1264 et, après sa rupture, remplacer, la veille de Noël 1309, par une autre de 80 quintaux. Le clocher même qui l'abrite, reçoit deux sentinelles, toujours en faction sur ce point élevé pour prévenir les dangers dont les bandes armées courant le pays menacent Montpellier, pour donner l'alarme et sonner le tocsin en cas d'incendie ou de tumulte Aussi le carillonneur est-il un véritable officier public, à la solde du consulat et engagé par un serment annuel à ne pas donner asile dans le clocher aux ennemis de la commune, et à ne sonner la cloche que dans les occasions réglées par les consuls et qu'on sera curieux sans doute de connaître.

Dès le milieu du XIIIe siècle, un établissement consulaire défendait qu'on sonnât cette cloche à la mort de personne, s'il n'était seigneur de terre ou prélat ou consul ou assesseur des consuls. Une autre ordonnance plus explicite, à la date du 17 mars 1495, limita la sonnerie aux occasions suivantes :

1° Pour les clercs qui seront reçus docteurs en théologie, décrets ou lois simplement.

2° Pour l'entrée à Montpellier d'un prince ou d'une princesse.

3° Pour les bonnes nouvelles de paix ou victoire de notre prince ou de fils de France venant d'Orient, ainsi que pour la naissance des enfants de France.

4° Pour les processions générales et choses ordinaires et accoutumées à la maison du consulat.

5° Pour la mort et les obsèques de notre prince ou princesse.

6° Pour celles de l'évêque de Maguelone, du gouverneur de Montpellier, des généraux de la justice, du recteur de l'Université, du recteur de la part antique, du bayle et des consuls de Montpellier, enfin de tout seigneur ayant juridiction haute, moyenne et basse qui finira ses jours dans la présente ville de Montpellier.

« Et non pour autres, quels qu'ils soient », ajoute l'établissement.

Du service de la grosse cloche de Notre-Dame,

affectée aux besoins publics, rien de plus naturel que
de passer à celui de l'horloge, auquel le premier
suppléa pendant le xive siècle. Une des obligations
imposées au sonneur dont nous avons déjà parlé,
consistait en effet à frapper sur la cloche les heures
de nuit et de jour. Après la construction de la tour
élevée en 1432 sur la porte principale de l'église, une
horloge y fut établie pour obvier aux inconvénients
de ce système, signalés en ces termes par une
ordonnance royale : « L'orologe qu'ils (les habitants
» de Montpellier) ont présentement sonne par
» ministère d'un homme et n'est point certain
» ne veritable; ne par iceluy quant sonne les
» estrangiers ne peuvent entendre quelle heure il est.»
Une forte cloche, accompagnée d'appels et frappée
par un homme de bois appelé (comme partout)
Jacomart ou Jacquemart, un cadran peint avec soin
et le système intérieur composaient l'horloge. Des
réparations fréquentes y furent faites. Le détail en
forme, de 1595 à 1793 seulement, un très volu-
mineux dossier de nos archives municipales; il ne
nous a paru, après minutieux examen, quelques
renseignements techniques qu'il renferme, nullement
intéressant au point de vue de l'histoire de Notre-
Dame des Tables. Aussi nous contentons-nous de
signaler l'établissement dans son église de la première
horloge publique de Montpellier, et la sauvegarde
que celle-ci étendit, pendant les funestes guerres
de religion, sur le clocher qui la portait.

III.

Un service si constant et si minutieux de la cité était largement récompensé par Celle à qui il s'adressait. Avec le souvenir des calamités publiques dont notre ville fut affligée, surtout au XIVᵉ siècle, et de la confiance qu'elle montra envers Marie, l'histoire nous a conservé aussi celui des bienfaits qu'elle en reçut.

De tous les fléaux le plus funeste sans contredit est celui qui s'attaque à l'homme même, en fauchant tous les rangs sans distinction d'âge ni de sexe: c'est la peste terrible et comme en permanence en Europe à la fin du moyen-âge. Montpellier la vit souvent dans ses murs trop resserrés, et les années 1374, 1384, 1397, 1406 et 1445 sont marquées parmi les plus fertiles en ravages. A la première de ces dates, l'épidémie avait été précédée d'un violent tremblement de terre et sévissait depuis plusieurs mois, lorsque les consuls, par une ingénieuse pensée, ordonnèrent de mesurer avec un fil les murs de la ville, ce qui donna une longueur de 1900 cannes, soit environ 3800 mètres; avec ce même fil, renforcé de coton, ils firent fabriquer une bougie de cire blanche, de même longueur et de la grosseur du petit doigt; et, ayant placé en l'église de Notre-Dame, devant le maître-autel, une roue de bois neuf, ils y firent enrouler ce cierge, qui fut béni et allumé le jeudi 27 avril avec du feu nouveau « pour brûler

» continuellement audit autel à l'honneur de Dieu
» et de Madame Sainte Marie et pour apaiser l'ire de
» Notre-Seigneur. » Cet ex-voto fut accompagné de
stations à vêpres aussi longtemps que dura la bougie.
Il serait intéressant de connaître ce temps. Si nos
recherches sont restées infructueuses à cet égard,
nous savons cependant d'une manière certaine
que l'effet de cette prière ne se fit pas beaucoup
attendre, puisque le registre d'où nous avons
tiré ces détails, mentionne au 23 juillet de la
même année une solennelle procession d'actions de
grâces.

Dix ans après, même calamité, même confiance,
même succès. Après neuf mois d'une mortalité qui
de préférence frappait les jeunes gens, les consuls
firent fabriquer un nouveau cierge, dont la mesure
cette fois fut étendue à la longueur de la palissade,
de l'église et de la statue de Notre-Dame et atteignit,
d'après nos mesures actuelles, environ 4900 mètres.
Chaque épidémie ramenait cet usage, comme aussi
celui de la récitation d'oraisons spéciales contre la
peste, inscrites au rituel propre de N.-D. des Tables,
d'après lequel Gariel nous les a conservées.

Quelques proportions extraordinaires d'ailleurs
qu'on donnât à ce cierge votif dont nous venons de
parler, il ne faisait qu'imiter celui qui brûlait nuit
et jour devant l'autel de Notre-Dame et auquel il
emprunta son nom de *resenb* ou *resenc*. L'étymologie
de ce terme est restée inconnue et nous n'avons certes
pas la prétention de la donner ; mais ne serait-elle

pas indiquée peut-être par l'expression du *Petit Thalamus :* « *Senchar* la muralha » (ceindre, enceindre)? Le radical de ce mot se retrouverait dans le terme en question, précédé du préfixe *re* dont la valeur exacte peut nous échapper à cette période de formation du dialecte. De divers actes testamentaires, cités par D'Aigrefeuille, il appert que l'usage du resenh remonte au moins à la fin du xiiiᵉ siècle. Les mêmes documents nous fournissent de curieux détails à son égard. Ce resenh avait comme une sorte de bien-fonds constitué par des donations. Les revenus en étaient administrés par une femme chargée de prévenir les dames nobles de la ville, le lundi avant l'Annonciation (c'est-à-dire le dernier de l'année, qui commençait alors le 25 mars), afin qu'elles allassent recueillir à domicile les offrandes destinées à la confection de ce cierge. Cette dignité, dont la titulaire prenait le nom de *gouvernante* ou *directrice du resenh,* était héréditaire, paraît-il, dans une famille Teinturier, de rang élevé, d'après les documents cités. Le prix annuel du cierge était de 30 livres ; nous savons d'autre part qu'à cet usage aussi était réservée la cire qui restait après les processions.

Quand le mal s'attaquait aux fruits de la terre, nous retrouvons, sous d'autres formes, le même esprit de confiance. Entre beaucoup d'autres, les années 1313, 1392 et 1412 furent marquées par une désolante sècheresse. Dans la première de ces occasions, quatre processions générales n'avaient pu fléchir un ciel fermé depuis sept mois. Aux grands maux, les grands remèdes. Une nuit, d'après le *Petit Thalamus*, plus de mille personnes, tant hommes que femmes, se flagellant elles-mêmes jusqu'à faire couler leur sang, auquel elles mêlaient leurs larmes et joignaient leurs prières, vinrent à N.-D. des Tables supplier la Vierge d'intercéder auprès de son Fils. Elles y apportèrent des torches et des cierges pour y brûler constamment devant son autel (toujours la même forme de dévotion) ; et au bout de quatre jours la pluie désirée ranimait les blés perdus.

Ce mode de supplication fort en usage alors (flagellants d'Allemagne et d'Italie) ne parut cependant pas prendre racine chez nous, et nous avouons lui préférer, comme tout autrement significatif, celui que nous allons rapporter et qui fut employé avec succès en 1392 et 1412. Grand matin, car l'on était, il faut s'en souvenir, à ces chauds mois de l'été rendus torrides par une température exceptionnelle, magistrats, confréries, corporations et peuple se rendaient à Notre-Dame ; on y prenait la *Magestat* et, sortant par la porte de Lattes, on allait la baigner processionnellement dans le Lez au « *Gay Juvenal* » (pont Juvénal).

Quelquefois enfin, à l'inclémence du ciel ou à l'infection de la terre venait se joindre la fureur de l'enfer. L'an 1358, une effroyable tempête se déchaîna sur la ville et, parmi le fracas des tonnerres et l'épouvantable lutte des éléments, nos ancêtres

entendirent la voix d'un démon : « Continuez,
» avancez, poussez, achevez, abymez, abymez ! à
» qui d'autres voix tout ensemble du desespoir des
» demons et du triomphe de nos pleurs qui les in-
» terdit et les arreste respondent tristement : Nous
» ne pouvons, Roch, Cleophas et la Noire nous
» empeschent. »

On l'a deviné : nous avons laissé la parole à Gariel,
écho fidèle de la tradition.

CHAPITRE IV.

DE L'INFLUENCE DU CULTE DE NOTRE-DAME DES TABLES SUR LA VIE PUBLIQUE DE MONTPELLIER.

I.

ELUS du peuple et chaque année tirés de son sein par un libre choix, les consuls peuvent être considérés comme sa personnification la plus vraie, leurs actes comme l'expression la plus sincère de ses sentiments. C'est une vérité indéniable et que vient puissamment confirmer l'attitude pieuse de la ville entière à l'égard de son auguste patronne. Pour si peu qu'on ait étudié la vie de Montpellier au moyen-âge, on est frappé du caractère laborieux et gai de notre cité. Le travail et la joie qu'il produit, sont le partage de tous ses citoyens sans distinction ; que les esprits s'appliquent à l'étude ou que les bras s'occupent au métier servile, nul ne reste oisif les jours consacrés au travail, nul non plus ne reste morose ou isolé chez lui les jours chômés. Mais travail et réjouissances sont placés sous le regard de Marie. Il en devait être ainsi d'ailleurs en une ville dont les enfants naissent en même temps citoyens de Montpellier et serviteurs de Marie : « *Non citius Monspeliensis quis nasceretur,* » *quam Marianus existeret.* »

Comment s'étonner qu'au premier rang les écoles vinssent lui payer leur tribut d'hommage ? Nées sous la protection de l'Eglise qui en réglait l'organisation, elles devaient se ressentir de cette origine et de ce patronage, et c'est pourquoi tous les actes de la vie scientifique s'accomplissaient dans nos sanctuaires. Plus rapprochée de la religion que toutes les autres par les études qu'elle poursuivait, l'École de droit nous intéresse tout particulièrement aussi par ses rapports plus directs avec le culte de Notre-Dame des Tables. Quand le jour était arrivé pour l'écolier d'aspirer à quitter ses bancs pour s'asseoir dans la chaire du maître, le candidat, reçu après avoir soutenu à la Salle-l'Evêque la thèse dont il avait le matin tiré au sort le sujet en l'église Saint-Firmin, se rendait sur-le-champ à Notre-Dame, escorté de ses amis, que la cloche de l'Université y appelait. Après avoir de nouveau commenté le texte d'une loi ou d'un décret, il y prêtait serment ; c'est alors qu'il recevait *licence* d'enseigner et que, revêtu des insignes du doctorat, il s'avançait vers l'autel pour y déposer son offrande. Durant ce temps, la grosse cloche lançait au ciel une joyeuse volée à la louange du nouveau docteur.

Si une cérémonie aussi importante n'amenait point sous les voûtes de Notre-Dame les « *escoliers en medecine* », c'est probablement à son titre de paroisse et de voisine de l'Ecole que Saint-Firmin devait ce privilége. Du moins savons-nous que les deux thèses qui, sous la dénomination de *points rigoureux*, déterminaient, comme les dernières et les plus ardues, l'admission au doctorat, se soutenaient publiquement dans la chapelle Saint-Michel, à Notre-Dame.

L'esprit religieux qui pénétrait ainsi l'étude même des sciences humaines, laissait ses traces dans toute la vie de ces écoliers devenus maîtres à leur tour. Gariel nous assure qu'avant les ravages de l'hérésie calviniste, « nos sçavants se plaisoient à » appeler la Vierge Marie la sainte Puelle (vierge), » la sainte Ancelle (servante), la grande Parthenie » (vierge) », épuisant leur vocabulaire scientifique pour désigner, sous tous ses titres et par toutes ses gloires, Celle que le peuple appelait plus simplement et avec un amour égal *Nostra Dona de Taoûlas*.

Aussi bien ce nom-là est-il tout local, et l'étymologie s'en rapporte-t-elle aux *tables* des changeurs qui entouraient l'église et dont nous avons déjà parlé à propos du Denier de Dieu. La spéciale mention des *cambiadours* ou changeurs dans l'ordonnance des véjolades, le rang d'honneur qu'ils occupent dans ce rôle de la piété qu'ils clôturent, celui qui leur était réservé immédiatement avant le pavillon de Notre-Dame aux processions, prouvent qu'ils restaient toujours les fidèles à Marie. Par la nature de leur trafic et le prélèvement d'un impôt sur le change, ils offraient à Notre-Dame une espèce de dime sur tout le commerce. Mais d'ailleurs le commerce lui-même n'était-il pas sous sa protection ?

C'était en l'église Sainte-Marie et en avril 1168 que Guilhem VII, fils de Sibylle, avait fait au peuple cession de son premier marché aux grains, appelé l'Orgerie et situé près du sanctuaire, aussi bien que l'Herberie, transformée en 1495 en halle neuve, aussi bien que la Loge, dont nous trouvons les premières traces sous Guilhem VI. Noblesse oblige : ce patronage de Marie sur le commerce y conserva une droiture dans les règlements, une bonne foi dans les transactions dont la réputation s'étendait au loin ; disons mieux , une fermeté dans les croyances qui put, dans un Izarn du Jardin, aller jusqu'à préférer la perte de toutes les richesses à l'apostasie.

A Montpellier, comme partout où il prospère, le commerce était alimenté par l'industrie. On connaît l'organisation de celle-ci durant le moyen-âge. Classés sous diverses corporations, suivant le genre du travail auquel ils s'appliquaient, les ouvriers trouvaient dans une association conclue sous le patronage de la religion une force et un appui tout au moins nécessaires à cette période si troublée. Laissant à la discussion l'énumération des avantages et des inconvénients de ce système, nous nous bornons à constater les catholiques tendances de l'art et même du métier à cette époque. Nous ne voulons pas insister sur cet usage touchant de *la Caritad,* commun à tous les corps de métier , ni sur l'esprit religieux de leurs statuts ; cependant nous ne pouvons négliger de dire qu'au premier rang de ces corporations, auxquelles nous devons après tout les splendides constructions de l'art gothique, dont nos siècles ont oublié le secret, se plaçait celle des *peyriers* ou *maîtres de pierre*. Or, par ses statuts et ses travaux, cette corporation *(confrayria)* se rattache tout particulièrement à N.-D. des Tables. Une des conditions de la réception de ses membres est le versement d'une somme de 5 sols pour l'entretien d'une lampe qui brûle jour et nuit devant l'autel majeur. La fonction de lampadaire, dévolue à un membre, lui donne droit d'entrée dans l'administration de la corporation. De plus la bannière des peyriers, confectionnée par un peintre étranger, le Tengart de Constance, reproduit l'effigie de Notre-Dame des Tables : c'est ce que prouvent le devis mentionnant « la Bienheureuse Vierge Marie tenant son fils » et l'envoi d'un dessin comme modèle. Sans cesse occupés à réparer ou embellir le temple de l'auguste Vierge, ils en étaient devenus comme les ouvriers en titre ; aussi est-ce presque toujours à un peyrier qu'est dévolue cette dénomination de *maître de l'œuvre* qui donne avec la direction des travaux, la gloire d'y attacher son nom. Par une touchante pensée que nous nous plaisons d'autant plus à rappeler qu'on a plus négligé de le faire, le corps du maître peyrier décédé était porté quelquefois, avant d'aller dormir le dernier sommeil, dans les églises où il avait travaillé : c'est ce qu'on fit pour *Fremin Cueyas*, en 1460.

Si les statuts des autres corporations ne mentionnent pas des usages semblables, elles ne s'en associaient pas moins cependant au culte général de Notre-Dame des Tables. A leur tour elles venaient *véjoler* devant son autel, dans l'ordre suivant, aux fêtes d'août :

Le 30 août, vigile de la fête, les Pelissiers (pelletiers).

Le 31, les Pebriers (épiciers).

Le 2 septembre, les Canabassiers (vanniers).

Le 3, les Cediers (ouvriers en soie).

Le 4, les Poissonniers.

Le 5, les Mazeliers (bouchers).

Le 6, les Merciers de l'Aiguillerie.

Le 7, les Drapiers.

Le 8, les Cambiadours (changeurs).

Enfin c'était aux consuls ouvriers que le jour même de la fête, 31 août, et fréquemment aux processions générales, était dévolu l'honneur de porter, sous un riche pavillon, en forme d'arche, l'antique et vénérée *Magestat.*

II.

OUTRE ces hommages particuliers rendus par les diverses fractions de la population à Notre-Dame des Tables, il en était d'autres plus généraux. Nous voulons parler de l'usage adopté par les sixains ou quartiers de la ville de faire brûler continuellement devant son autel chacun une belle lampe

d'argent, et surtout de l'assistance de toute la population aux processions, qui se rattachent si étroitement au culte dont nous retraçons l'histoire.

Grâce aux indications éparses dans le *Petit Thalamus* et qui se complètent mutuellement, nous allons
essayer de décrire une procession à Montpellier
au moyen-âge. Si l'on trouvait trop minutieux
les détails que nous donnerons, aussi rapidement
que possible d'ailleurs, on voudrait bien se rappeler quelle place importante ces cérémonies tenaient
dans la vie publique et religieuse de nos pères. Tout
d'abord établissons une distinction entre les processions pour les classer. Les unes étaient paroissiales ou particulières aux églises et chapelles : telles
étaient celles de Saint-Cléophas, le lundi de Pâques,
en l'honneur de l'apparition aux disciples d'Emmaüs,
du 8 septembre à Notre-Dame, de la vraie Croix, en
l'église de ce nom ; ou bien faites en l'honneur des
Saints révérés par les ordres religieux, mendiants ou
autres, si nombreux alors dans notre ville, qui
semble avoir gardé quelque chose de l'hospitalité
pieuse exercée par elle au moyen-âge envers les
moines, de quelque habit qu'ils fussent revêtus.
D'autres étaient indiquées par la liturgie elle-même
et nous n'avons pas à les relever. Quelques-unes se
faisaient dans des occasions exceptionnelles : jubilé,
réception de reliques.

Arrivons enfin aux processions générales qui,
réunissant tous les habitants de Montpellier de leur
libre vouloir, et faisant surtout ressortir leur dévotion

à Notre-Dame, offrent par là un cachet de popularité, de spontanéité et de piété qui nous appelle à y prendre un intérêt spécial.

De spontanéité, disions-nous. C'est en effet aux consuls, les premiers magistrats de la cité, qu'en est due le plus souvent l'initiative. Quelquefois, il est vrai, l'évêque de Maguelone, de son propre mouvement ou sur l'invitation du roi, ordonne ces processions; ou bien la volonté royale s'affirme par l'organe de son représentant direct, le gouverneur, ou, à sa vacance, le lieutenant du gouverneur. Mais c'est là l'exception, et encore la mention « à la requête des seigneurs consuls » vient-elle conserver à ces représentants de la commune leur part d'initiative.

Les causes qui donnent lieu à ces processions sont apprises au peuple dans l'annonce qui en est faite, expliquées clairement dans le sermon qui les accompagne toujours, et fidèlement consignées au registre qui nous fournit les indications de ce travail. Rien n'est plus propre à nous initier à la vie de nos pères, à nous révéler leurs souffrances, leurs craintes et leurs espérances; leur foi, leur zèle, leur attachement à l'Église; leur amour pour la patrie et leur dévouement au souverain. D'abord leurs souffrances, car c'est là en effet le trait frappant de cette époque, féconde en calamités diverses pour notre ville, comme pour toute l'Europe d'ailleurs. Nous avons rappelé déjà ces désastres et les moyens extraordinaires dont on usa pour les conjurer. Sans employer

constamment ces derniers, Montpellier recourut aux
processions dans des périls moins grands, comme
aussi dans la joie de sa reconnaissance. Presque
toujours à l'action de grâces se mêle une nouvelle
demande, d'autant plus confiante par cela même ;
presque toujours aussi aux intérêts particuliers de la
cité se joignent ceux de la patrie. Quoique récemment placée sous la domination du roi, la ville
montre pour lui un zèle prononcé : sa santé, la naissance de ses fils, la paix avec l'Angleterre et, durant
les luttes civiles des Bourguignons et des Armagnacs,
la concorde entre les princes « du noble sang de
France », tout devient nouveau sujet à ces cérémonies chères à nos aïeux. Comment aussi pour-
raient-ils oublier l'Église, à l'heure néfaste où le
grand schisme partage ses enfants sans diviser sa foi ?

Une des choses qui prouvent à quel point les
processions étaient entrées dans les mœurs, c'est la
fixation d'un jour spécial dans la semaine pour les
célébrer. Nous pouvons affirmer, en effet, que toutes
les processions générales dont le *Petit Thalamus*
nous a transmis le souvenir, eurent lieu le *mercredi*,
à quatre exceptions près, dont l'une laisse soupçonner une erreur de copiste, puisqu'elle fait du jeudi
21 août 1392 un vendredi ; deux autres coïncidant
avec la fête de saint Laurent et celle de saint Michel
expressément mentionnées, on peut supposer que
la règle habituelle fut abrogée en ces circonstances ;
la dernière enfin est marquée au lundi de la
Pentecôte, jour férié.

Lors donc qu'aux causes énoncées ci-dessus l'autorité ecclésiastique ou civile avait décidé la célébration d'une procession, ordre était publié d'avoir à débarrasser, nettoyer et orner de tentures et bannières les rues que le cortége devait parcourir. Inutile de dire que c'étaient les principales de la ville ; et nous ne citons l'itinéraire suivi dans les plus solennelles dont la mémoire soit restée que pour prouver combien nos pères se montraient infatigables dans leur dévotion, sans se laisser arrêter par aucune saison. Car, bien que plus nombreuses au printemps et en automne, nous trouvons cependant des processions générales aux mois rigoureux de l'hiver ou brûlants de l'été. Nous traduisons par les noms modernes de nos rues pour plus de clarté. Le cortége partait de Saint-Firmin, église paroissiale, et, suivant la rue de ce nom, descendait par la Loge et la place de la Comédie ; suivait à peu près nos boulevards de l'Esplanade, de l'Hôpital-Général, Henri IV, de la Banque et de Saint-Guilhem ; rentrait par la Saunerie, la Grand'rue, remontait au Marché, longeait l'Aiguillerie ; par la Verrerie passait devant Saint-Matthieu ; par les rues Fournarié et Castel-Moton remontait sur le plateau où est située la Mairie, et rentrait par là à Saint-Firmin. Le parcours, on le voit, était long et ne laissait aucun quartier de la ville privé du passage des saintes reliques. Aussi bien le fallait-il ainsi pour développer les interminables files des assistants, dont l'affluence était ordinairement si considérable qu'en une fois, où l'itinéraire était marqué par des stations à Saint-Firmin, Sainte-Croix, les Frères Prêcheurs (sous le Peyrou), les rues du Courreau et Saint-Guilhem pour revenir à Saint-Firmin, la tête et la queue du cortége se touchaient.

Malgré « tout le plaisir et la dévotion » que montraient les fidèles, l'ordre était malaisé à maintenir, on le pense, au milieu d'un tel concours. Aussi un certain nombre d'hommes des plus honorables de la ville et de dames distinguées par leur piété et leur position étaient-ils commis à ce soin. Il ne s'agissait d'ailleurs que d'appliquer un règlement qui fixait à chacun sa place et grâce auquel nous pouvons ainsi rétablir l'ordre du cortége.

Les petits enfants ouvraient la marche, surveillés par le maître des écoles, pieds nus et répondant aux litanies que chantaient les prêtres, les uns par « *Miserere nobis* », et d'autres par « *Sire Dieu, miséricorde !* » quand la procession avait un caractère de supplication et de douleur; au contraire, quand il s'agissait de quelque joyeux évènement, faisant retentir l'air de leurs bruyants vivats pour « *lo rey o lou dalfi.* » Après eux s'avançaient les prêtres des chapelles, les confréries avec leurs luminaires, les religieux avec leurs reliquaires, ainsi que les chevaliers de Saint-Jean; puis le clergé des églises et les reliques précieuses dont nous parlerons tout-à-l'heure. Venait ensuite, pour leur faire cortége, l'élément laïque, c'est-à-dire les magistrats civils: consuls de la ville, consuls de mer, consuls ouvriers,

recteur de la part antique ; les magistrats judiciaires :
le bailli et sa cour, les généraux de la justice ; les
membres de l'Université : recteur, bailli et docteurs ;
les principaux bourgeois ; enfin les métiers dans
l'ordre fixé. Après les hommes s'avançaient les
femmes. Et d'abord les filles de condition inférieure,
pieds nus, les cheveux abattus, et enveloppées d'un
long voile de religieuse ; puis celles des riches
bourgeois et des principaux marchands, en même
costume, suivies des femmes veuves, derrière
lesquelles venaient toutes les autres.

La tenue de ce nombreux cortége était excellente.
Le chant des prêtres se mêlait aux instruments des
ménétriers. Quant aux fidèles, ils allaient de deux
en deux, sans se parler, disant dévotement leurs
heures ou le rosaire, chacun portant son cierge
allumé : qui grand, qui petit, dit notre chronique,
suivant la fortune ; qui blanc, qui rouge, suivant le
goût de chacun. Dès maintenant disons qu'à la fin
de la cérémonie le reste des cierges était recueilli
dans des coffres à la porte de l'église par des sacris-
tains, et servait à faire le resenh, dont nous avons
déjà parlé.

On le voit, nos pères ne se croyaient jamais trop
nombreux, jamais trop recueillis pour accompagner
les reliques qu'ils étaient si jaloux de voir passer à
travers les rues de leur ville. Le plus souvent le Saint-
Sacrement était porté dans ces processions, mais
toujours l'image de l'auguste Mère de Dieu et les
reliques de saint Cléophas en faisaient l'ornement.

On se souvient que la Vierge noire et le corps saint
avaient été apportés d'Orient par les Guilhems ; la
confiance en ces deux précieux objets avait grandi
en même temps. C'était donc tantôt la *Magestat
antiqua* elle-même, tantôt son effigie d'argent,
connue sous le nom de Vierge de l'orfèvre ; c'était
tantôt le corps, tantôt le chef, tantôt les deux
parties à la fois du corps du saint disciple d'Emmaüs
que portaient, sous de riches pavillons, les consuls
de ville, les consuls ouvriers ou la confrérie de
Notre-Dame. Relevons ici deux détails à l'honneur
de Notre-Dame des Tables : sa statue précédait
immédiatement le Saint-Sacrement et , celui-ci une
fois déposé avec les reliques de saint Cléophas en
l'église Saint-Firmin, où se dispersait l'assistance,
les consuls se faisaient un devoir d'accompagner
la *Magestat* vénérée dans son sanctuaire.

La présidence de la cérémonie revenait de droit à
l'évêque de Maguelone ; tantôt il l'exerçait lui-
même , tantôt députait à cet effet, en son absence ou
même lui présent, un vicaire ou un chanoine, le
sacristain généralement. Parfois il déférait cet
honneur à quelque dignitaire de l'Église , surtout si
celui-ci était enfant de Montpellier. Faut-il ajouter
que les évêques ou abbés de passage dans la ville se
faisaient un devoir d'assister à la procession, ne s'en
dispensant que sur des raisons valables de santé,
qu'enregistre le *Petit Thalamus* avec sa naïve fidélité.
Cette présence des évêques valait aux fidèles l'octroi
d'indulgences d'une étendue plus ou moins grande.

Ces indulgences étaient attachées à l'assistance aux
diverses cérémonies qui marquaient chaque station.

Quand la procession avait lieu le matin, ce qui
était le plus habituel, une messe solennelle, le plus
souvent votive de la Sainte-Trinité, du Saint-Esprit
ou de la Sainte-Vierge, était chantée par l'officiant
ou un autre. Cette messe se célébrait en plein air,
si le temps le permettait, sur la place du Consulat,
sinon en l'église Notre-Dame, et dans le premier
cas, à un autel richement paré de drap d'or et sur
lequel on déposait la *Magestat*. Suivait le sermon,
prêché par un religieux de l'un des quatre ordres
mendiants, plus tard par des professeurs du collége
Saint-Ruf, quelquefois par le prieur de N.-D. des
Tables. Il roulait, nous l'avons dit déjà, sur les motifs
de la procession. Si celle-ci avait lieu dans l'après-
midi, un second sermon dans le sanctuaire de la
Vierge remplaçait la messe, car il ne fallait frustrer les
pieux assistants d'aucun détail de la cérémonie. Ils y
tenaient si fort que, lorsque le mauvais temps em-
pêchait la procession de défiler dans les rues, elle
était faite dans l'intérieur de l'église Notre-Dame,
et cela sans préjudice d'une nouvelle, ordonnée
le mercredi suivant pour remplacer celle-là.

Ce n'étaient point au surplus des cérémonies
purement religieuses, comme celles que nous venons
de rapporter, qui appelaient le peuple de Montpellier
près des murs ou sous les voûtes de N.-D. des
Tables. C'était aussi tantôt le supplice de quelque
renégat, comme ce Jean Raynaut qui y subit l'es-

trapade, en 1391 ; tantôt la collation des insignes
de la chevalerie (Bernard Sabors, 1333); tantôt le
mariage de quelque prince (Pierre, infant d'Aragon,
et Constance, fille de Manfred de Sicile, 1262);
tantôt ses obsèques (Sanche d'Aragon, 1324), ou le
service funèbre d'un pape ou d'un roi (nombreux
exemples); tantôt enfin la réception de quelque
haut personnage.

Ces réceptions sont soigneusement mentionnées
dans le *Petit Thalamus*, et le cérémonial marqué pour
plusieurs d'entre elles nous fait présumer que pour
toutes il devait être à peu près le même. Les
visiteurs de haut rang étaient attendus au-dehors de
la ville par les magistrats, les corporations et les
congrégations, à pied ou à cheval, bannières
déployées et au son des instruments. Ils faisaient
solennellement leur entrée en général par la Peyra
(rue du Gouvernement), et étaient conduits aussitôt
à Notre-Dame. Ils mettaient pied à terre devant la
porte, où les recevait parfois l'évêque ou un chanoine
en leur présentant des reliques à baiser; ils allaient
ensuite *véjoler* devant l'autel et se rendaient de
l'église au logement préparé pour eux, presque
toujours à la Salle-l'Evêque. Parcourons rapidement
la liste des plus marquants de ces personnages,
comme pour montrer aux pieds de Notre-Dame
les représentants de toutes les grandeurs d'ici-
bas.

Aux premières années du XIVᵉ siècle, il semble
que Montpellier devienne le rendez-vous des plus

illustres visiteurs : en 1304, c'est Philippe le Bel, la reine, ainsi que leurs trois fils, successivement destinés au trône ; l'année suivante, c'est Clément V avec une cour de rois (Jacques II d'Aragon et son oncle Jacques Ier de Majorque, seigneur de Montpellier) et de cardinaux. L'accueil dut être bon, puisqu'il revint trois ans après. En 1367, Urbain V, venant visiter son église de Saint-Germain, va d'abord s'agenouiller devant la statue de Notre-Dame. Nous parlerons bientôt de la dévotion de Jacques Ier d'Aragon à la Vierge des Tables ; elle parut héréditaire dans ses descendants, comme elle l'avait été chez ses ancêtres, et sembla se communiquer à cette pieuse maison d'Anjou, unie par une double alliance à celle de Majorque, qui se rencontra souvent avec elle, notamment en 1309, sous les voûtes de notre église. A leur tour et désormais (1349) seuls maîtres de Montpellier, les rois de France y font leur entrée : c'est Philippe VI, Jean II, Charles VII, François Ier, Charles IX, avec celui qui sera Henri IV. Ce sont aussi des reines de France : Marguerite de Provence, Jeanne de Navarre, Catherine de Médicis ; des princes étrangers : l'empereur Sigismond, l'archiduc Maximilien ; de nobles barons, de vaillants capitaines : Du Guesclin (1365), le vainqueur de Cérizolles (1545). Nous n'avons pas la prétention d'avancer qu'ils furent tous pèlerins de Marie ; nous constatons seulement le concours de circonstances qui amenèrent dans son église de si hauts personnages, « lesquels, nous assure Gariel,

» y laissèrent de très belles marques de leur visite
» et de leur estime. »

D'autres noms d'ailleurs sont plus glorieux à notre
avis, puisqu'ils se présentent à nous le front illuminé
d'un nimbe rayonnant. Ceux-là, nous les revendi-
quons avec plus d'amour et plus d'orgueil : c'est
Dominique de Guzman, suivant au concile son vieil
évêque, Diégo d'Osma, et édifiant toute la population par son austère piété ; c'est *François d'Assise*,
laissant le souvenir béni de son passage à l'hôpital
de Notre-Dame des Tables ; c'est *Antoine de Padoue*,
illustrant Montpellier et Lunel par ses prédications
et ses miracles ; c'est ce doux et suave adolescent,
Louis d'Anjou, le petit-neveu de saint Louis de
France, promettant dans notre ville d'échanger le
royal manteau de Sicile pour l'humble robe de saint
François ; c'est enfin *Vincent Ferrier*, l'ardent apôtre,
le merveilleux thaumaturge, dont la forte parole
ébranle et convertit les masses. Comment douter
que ces illustres saints ne se soient prosternés devant
la Vierge de Montpellier, les plus fidèles comme les
plus aimés de ses enfants ?

CHAPITRE V.

DE LA DÉVOTION PRIVÉE A NOTRE-DAME DES TABLES.

I.

Au milieu de l'élan général qui conduit aux pieds de Notre-Dame des Tables tous les fils de sa cité, l'histoire de son culte ne doit-elle pas discerner quelques figures individuelles, que distinguent de toutes les autres une piété plus particulière et les grâces qu'elle leur valut? Telles les vives couleurs de la rose en nos jardins, tel le pénétrant parfum du thym dans les senteurs suaves de la montagne, telles parmi les clartés des cieux les splendeurs de Sirius fixent notre attention en la charmant. Après avoir rappelé les désastres publics et les bienfaits généraux, il nous plaît de retracer en particulier les misères des âmes et des corps et le secours que leur donna la Vierge « *consolatrice des affligés* »; c'est l'histoire intime après l'histoire publique, celle des individus après celle du peuple, aux enseignements aussi féconds, aux exemples plus aisés, ce semble, à imiter.

Un des plus fidèles et des plus illustres dévots à Notre-Dame des Tables, c'est le grand roi que les

chroniques espagnoles désignent sous le nom de
« *el Conquistador* » : nous avons nommé *Jacques Ier*
d'Aragon. Fils de Marie de Montpellier et de Pierre II,
il avait hérité de sa mère, la fille des Guilhems « *la
Reyna santa* », comme l'appelle Beuter, cette tendre
dévotion envers la Vierge de Montpellier dont elle
donna, entre maintes preuves, une marque certaine,
en venant, à la veille de son départ pour Rome,
s'agenouiller devant la statue bénie. Lui-même
n'était-il pas par sa naissance, à un titre tout particulier, l'enfant de Notre-Dame des Tables, et n'avait-
il pas, dès sa venue au monde, été apporté dans
son sanctuaire, sur l'ordre de sa pieuse mère? La
suite de sa vie répondit à de tels commencements.
Une première fois délivré d'une effroyable tempête,
préservé une deuxième d'un accident mortel (1),
il fut, dans une troisième occasion, guéri d'une
grave maladie. C'était à Montpellier, en 1272, et
vers les derniers jours d'août. « La Vierge à laquelle
» il s'était recommandé, rapporte Beuter, lui apparut
» et, le touchant doucement à la joue (l'endroit
» malade), le guérit. » En reconnaissance de tant
de grâces, qu'il attribuait à Notre-Dame des Tables,
Jacques Ier fit placer un beau tableau votif dans
l'église de sa bienfaitrice. Parlerons-nous de son
oncle, *Bernard Guilhem*, qui avait été élevé à Montpellier dans un si grand respect pour Notre-Dame
des Tables qu'il vénérait toutes les images de la

(1) L'effondrement d'un plancher.

Vierge tenant son divin Fils entre ses bras, assure Gariel.

A côté de ces seigneuriales figures, celle d'un simple particulier, *Pierre Lauri*, qui légua par testament en 1221, tous ses biens à Notre-Dame. Ces ressources furent employées à l'achèvement des réparations du xii⁰ siècle, que couronna la consécration de 1230.

Un siècle après, en 1327, une des plus signalées guérisons amenait le don de l'un des plus riches ex-voto du sanctuaire. Nous nous effaçons pour laisser au naïf et touchant langage de Gariel toute sa saveur. Il s'agit d'un orfèvre de Montpellier, *Simon Reynaut.* « Ce pauvre homme ayant longtemps fleuri
» en son metier, et passé pour très habile, fut
» atteint d'un chancre qui, après toutes sortes de
» remedes naturels, luy alloit rongeant tout le visage,
» et ne luy avoit laissé que les yeux pour pleurer sa
» misere, la langue pour se plaindre et pour
» demander quelque soulagement au Ciel, puisqu'il
» n'en pouvoit plus attendre de la terre. Les Mede-
» cins ne peuvent plus rien, dit-il, pour mon secours,
» tous leurs remedes sont epuisés, recourons seule-
» ment desormais au souverain medecin qui est
» tout puissant et tout bon et il aura pitié de nous;
» mais employons pour le toucher Celle qui en
» mesme temps qu'elle est la Mere admirable de
» son fils, est l'advocate infaillible et la consolation
» très certaine des pauvres affligés. Ainsi resolu
» contre son infortune, il fait dire tous les jours une

» messe de N. D. de Tables et se reduit à ce seul
» remede de laver d'eau benite ce qui lui reste de
» visage, l'esperance et la foy faisans cette applica-
» tion après sa priere ardente. Un matin qu'il avoit
» redoublé ses vœux et ses soupirs, il sent douce-
» ment renaistre et revenir sa chair, sa difformité se
» change ; son front, ses joues et toutes les autres
» parties que la rigueur de son mal avoit rendues
» horribles reprennent peu à peu leur figure et font
» admirer une nouvelle creature et un ressuscité de
» la Vierge. Ravy de cette grace et ne pouvant assez
» remercier sa bienfactrice par ses paroles, il voulut
» qu'on pût connoistre sa joye, son ressentiment
» et les obligations qu'il luy avoit en son image et
» sa representation. Il employa donc toute l'industrie
» de son art et l'adresse de sa main à en faire une
» qui fut estalée sur le grand autel le sainct jour de
» la Pentecoste. Si ses biens et ses desirs eussent été
» égaux, il l'eust faicte la plus riche et la plus parfaicte
» du monde ; mais il y reussit pourtant si bien que
» Montpelier en fut fort satisfait et la devotion en
» augmenta beaucoup. »

On sera curieux, sans doute, de connaître en
détail cette riche statue. Les conditions mêmes où
elle fut faite, les termes d'effigie ou d'image constamment employés pour la désigner dans les registres, son poids, la description de Gariel, commune
à cette statue et à la *Noire*, tout nous fait rejeter,
après étude attentive des documents, l'opinion qui,
sur la foi d'un livre étranger, en fait une enveloppe

de la *Magestat*. Nous pensons, au contraire, qu'en copiant les formes de celle-ci, elle en reproduisait les dimensions. Elle était toute d'argent fin doré, ornée de pierreries et de perles fort précieuses serties d'or, et pesait environ 5 kilogr. et demi. Sur sa tête brillait une couronne à trois pointes, garnie de pierreries. Elle était environnée d'anges portant des flambeaux « presque tous semez de pierreries de vœu et de recognoissance », comme parle Gariel. Nous avons tout lieu de penser que ces anges sont ceux dont un document de l'an 1495 attribue la donation à *Pierre Briçonnet*, lesquels étaient d'argent, doré en certaines parties. Détail à noter : l'argent de cette statue et l'or dont elle était enrichie, avaient une couleur brunie, due tout simplement peut-être à l'action du temps, mais attribuée par le pieux chanoine au désir du Ciel de la rendre conforme par sa couleur même à la *Magestat*. On la distinguait de celle-ci par le nom de *Vierge de l'Orfèvre*.

Le bruit de ses miracles s'étendant au loin, Notre-Dame des Tables se recrutait des dévots jusque hors de sa ville. Gariel raconte « qu'un chanoine de Béziers, » nommé *Suffred*, et un orfèvre de Mâcon, ayant » pris l'habitude de réciter journellement la collecte » de la messe des Miracles, se la rendirent familière, » en faisant leurs délices ; et que, par ce moyen, » ils surmontèrent heureusement les obstacles qui » menaçaient leur vie et leur salut. » Ce Jacques Suffred fit plus encore pour témoigner sa dévotion à Notre-Dame des Tables : en 1343, il fonda dans son église la chapelle de Saint-Suffre ou Suffrein. Serait-ce à lui aussi qu'il faudrait rapporter les trois autres fondations faites sous même vocable dans diverses églises de la ville, et qui, à la destruction de celles-ci, furent réunies à celle de Notre-Dame ?

La fondation de chapelles ou de messes dans des chapelles déjà fondées paraît, en effet, avoir été fréquemment le résultat de grâces obtenues. Nous nous contentons de mentionner celle d'une messe hebdomadaire, en la chapelle de Saint-Sauveur, par *Louis de Césarée*, maréchal de France, guéri, dans la première moitié du xv⁰ siècle, par l'attouchement de la *Magestat ;* et celle de *Ganjouse,* pieuse veuve, dans la chapelle des Saints-Innocents, en retour d'une grâce semblable. Il est probable que chaque fondation de ce genre révèle quelque bienfait reçu ; et elles sont au nombre de *dix-huit* (les connaissons-nous toutes ?) dans la période qui nous occupe. Si l'on y ajoute le nombre prodigieux de *tableaux votifs* qui décoraient l'église, suffisant pour lui avoir donné, selon quelques-uns, le nom de *N.-D. des Tables ;* si l'on songe aussi à la multiplicité des statues précieuses (de même caractère) dont Gariel charge le maître-autel, on conviendra de la fréquence des miracles que ces objets rappelaient.

Les divers inventaires des richesses de l'église nous ont révélé un autre genre d'ex-voto, que volontiers nous appellerions plus intimes. La Vierge d'argent portait en effet au cou une chaîne d'or d'où pendaient quelques anneaux précieux : c'est une perle orientale donnée par *messire Jehan de Beune, marchand bourgeois de ladicte ville*, dont le commerce sans doute prospéra au loin ; c'est une émeraude due à la généreuse piété de *Guilhaume de la Croix, gouverneur de Montpelier*, issu d'une famille qui se glorifiait de compter saint Roch au nombre de ses ancêtres ; c'est un rubis balais offert à la Vierge dans des conditions vraiment touchantes à notre avis. Son donateur, *P. Cathalan*, *maistre en theologie*, avait maintes fois prêché dans le temple de Notre-Dame des Tables. Par une délicate fidélité à cette dernière, il voulut que son anneau de docteur après sa mort reposât sur le cœur de Celle qu'il avait si fréquemment louée pendant sa vie.

Au surplus, ce n'est pas seulement dans l'enceinte du sanctuaire que se restreignent les pieuses libéralités des fidèles reconnaissants; nous en retrouvons des traces dans un établissement qui, par son vocable primitif, eut une intime connexion avec le culte de Notre-Dame. Car le patronage de la Vierge, dont nous avons reconnu les marques dans toutes les institutions de la cité au moyen-âge, pouvait-il ne pas s'étendre sur une de celles qui furent comme l'œuvre de prédilection de ces siècles où une foi robuste commandait un amour ardent, sur les hôpitaux? Sait-on généralement dans notre ville quelles furent et l'origine et la première dénomination de l'hôpital Saint-Éloi? D'après D'Aigrefeuille, il commença au faubourg de Lattes, dès l'an 1183 (qu'on le remarque, c'est la célèbre époque des

miracles); et il reçut, probablement pour cette cause
et la proximité d'une chapelle de la Vierge, le nom
d'*Hôpital de la Bienheureuse Marie de Tables*. C'est
ainsi qu'il figure, en 1224, dans une donation
stipulée par *Rostang de Porchières* et *Aigline*, sa femme,
fille d'Eléazar de Castries, de tous leurs biens en
faveur dudit hôpital, suivant un usage fréquent
d'ailleurs chez des époux privés d'enfants. Il en était
un autre plus frappant encore et dont, quatre ans
plus tard, nous trouvons un exemple dans la conduite
de *Gui de Beaulieu* et de *Pétronille*, sa femme. Non
contents de donner leurs biens aux pauvres malades,
ils se donnent eux-mêmes en se mettant, par les
vœux habituels, au nombre des religieux qui
desservent cet hôpital : touchante coutume, qui, en
séparant selon la chair des époux chrétiens, les
unissait plus étroitement selon l'esprit dans l'exercice commun de la plus parfaite charité ! Ce fut au
xv⁵ siècle seulement que cet hospice échangea son
premier nom contre celui qu'il porte aujourd'hui et
reçut d'une chapelle vénérée dédiée à saint Éloi ; et
au xvi⁵ les guerres de religion, en détruisant les
établissements analogues, en firent le principal
hôpital de Montpellier.

II.

EN parcourant cette liste rapide des noms qui se
rattachent d'une manière plus spéciale à l'histoire de Notre-Dame des Tables, ne nous a-t-on
pas accusé déjà d'en avoir omis un bien remarquable
et bien cher, celui de *l'enfant de Montpellier*, le
glorieux et secourable *saint Roch*? C'est avec l'intention d'isoler, pour la mieux vénérer, cette ra-
dieuse figure, que nous avons rejeté ici une mention
qu'on pouvait attendre aux dernières années du XIIIe
siècle, époque où, avec les anciens hagiographes,
la critique moderne place sa naissance. C'est par cet
évènement surtout et les circonstances qui l'accom-
pagnèrent que l'histoire de notre Saint se lie avec
celle que nous retraçons. Nous aimons à nous abriter
derrière le témoignage de ses premiers biographes.
Diédo, le plus ancien d'entre eux, qui, écrivant en
1478, était à même de recueillir les renseignements
de la tradition sur *saint Roch*, nous assure que la
mère de son héros, Libérie, dont l'union avec
Jean était restée stérile, déjà parvenue à la vieillesse,
s'adressa à l'auguste Mère de Dieu et, par d'ardentes
prières, en obtint la grâce désirée : la naissance d'un
fils. En constatant le fait consigné par Diédo, nous
préférons au langage pompeux de cet écrivain, qui
ne saurait être qu'une paraphrase du vœu de Libérie,
la concision plus naïve du manuscrit de Belfort, dont

l'auteur s'accorde avec Diédo sur l'évènement lui-
même. Voici ce qu'il rapporte :

« Mais comme cet homme vertueux (Jean) n'avait
» eu aucun héritier de son épouse (Libérie) non
» moins pieuse, ils adressèrent à Dieu d'ardentes
» supplications, afin d'obtenir un fils qui fût grand
» serviteur du Christ. Et le jour même où la dévote
» Libérie priait à cette spéciale intention le Christ et
» sa glorieuse Mère, la Vierge Marie, *dans le temple*
» *dédié à celle-ci*, elle entendit la voix d'un ange
» qui lui disait : O Libérie, Dieu a exaucé ta prière ;
» tu recevras de lui la grâce que tu demandes. »

Nul doute donc qu'il s'agisse de l'église N.-D.
des Tables, et qu'à la miséricordieuse intervention
de la Mère de Dieu soit due la naissance de notre
Saint. La constante tradition montpelliéraine marque
l'emplacement de la maison des Roch à l'angle actuel
des rues de la Loge (ancienne rue du Cardinal) et
des Trésoriers-de-France. Nous savons qu'on a
essayé de ruiner cette croyance, et il n'est pas de
notre sujet d'en entreprendre la défense ; mais nous
savons aussi que le peuple de Montpellier la garde
fidèlement et l'affirme chaque année en accourant,
le 16 août, près du puits de *saint Roch*. Qui donc
a oublié avec les appréhensions de 1884, le redou-
blement de confiance qu'elles ont excité ?

On se figure aisément la proximité de la maison
des Roch et du sanctuaire de Notre-Dame des Tables,
et la probabilité qui naît, en faveur du fait consigné
plus haut, du rapport des lieux, que n'ont pu con-

naître des écrivains étrangers à la localité, avec le récit de ces biographes. C'est à Notre-Dame, où depuis 1216 on administrait les sacrements, que *saint Roch* fut baptisé; et comment croire qu'en prenant le bâton de voyageur il ne soit pas allé placer ses pieuses pérégrinations sous le patronage de la Très Sainte Vierge, dont il était l'enfant privilégié ?

Liée à sa vie, l'église de Notre-Dame l'a été aussi à son culte. Le cérémonial consulaire marque qu'au 16 août sa grosse cloche sonnait en l'honneur du Saint. Le vœu d'une messe annuelle, fait par les consuls en 1640, fut accompli dans la nouvelle église Notre-Dame en la chapelle qu'on y venait de lui dédier. Elle donna hospitalité aussi à la confrérie érigée en son honneur. Pendant toute la durée de la terrible peste de 1721, la messe se dit quotidiennement à l'autel du Saint, qui fut enrichi d'un tableau votif, au-dessous duquel fut placée l'inscription suivante :

BEATO ROCHO
CONCIVI SANCTISSIMO
CIVIT. ET COSS. MONSPELL.
OPEM QUAM SÆPIUS EXPERTI SUNT
CONTRA IMPENDEMTEM LUEM IMPLORANT.

La ville de Montpellier et ses consuls implorent du Bienheureux Roch, leur très saint Concitoyen, contre la peste dont ils sont menacés, le secours qu'ils en ont tant de fois obtenu.

Ajoutons que de nos jours, pour ressusciter un usage antérieur à la Révolution et relatif à son culte,

Monsieur le Curé de Notre-Dame a obtenu de Monseigneur l'Évêque de Montpellier, l'autorisation de
faire, le 16 août, à l'issue de la grand'messe, une
procession à l'endroit désigné par la tradition comme
le lieu d'arrestation de notre Saint et situé dans la
paroisse. Une indulgence de 40 jours fut en outre
attachée à l'assistance à cette cérémonie, que la
suppression des processions l'année même empêcha
d'accomplir. La pierre montrée jadis comme celle
où saint Roch était assis quand il fut arrêté, a disparu, usée par le temps ; mais une statue de notre
glorieux concitoyen, .placée dans le mur de la
maison située à l'angle des rues Vieille-Aiguillerie
et Aiguillerie, rappelle et perpétuera ce précieux
souvenir.

CHAPITRE VI,

DE L'ADMINISTRATION RELIGIEUSE ET TEMPORELLE
DE L'ÉGLISE N.-D. DES TABLES
ET DES PRIVILÉGES DE CE SANCTUAIRE.

I.

APRÈS avoir constaté l'intime liaison du culte de Notre-Dame des Tables avec la vie de la cité, il nous reste à dire comment il se rattachait lui-même à la vie commune de l'Eglise par l'organisation spirituelle et les priviléges du sanctuaire de Marie.

On s'en souvient, l'évêque Argemire avait établi pour Montpellier l'église paroissiale Saint-Firmin et fait de la chapelle primitive dédiée à la Sainte-Vierge une *église de Vœux*. En témoignant hautement de la piété de nos pères, la construction de nouvelles chapelles ou églises n'était venue pourvoir aucunement aux besoins spirituels d'une population rapidement accrue, car la paroisse restait toujours, de par les dispositions ecclésiastiques, seule dispensatrice des sacrements. Désireux de

6

remédier à un semblable état de choses, les consuls,
dès les premières années de leur installation définitive à la tête des affaires de la commune, s'adressèrent au pape pour lui démontrer l'insuffisance de
Saint-Firmin, et le prier d'étendre à quelques autres
églises l'administration des secours religieux. Innocent III, qui occupait alors avec autant de zèle que
d'éclat la chaire de saint Pierre, s'empressa d'accéder
à leur demande et, par un bref à la date du 26 janvier 1216, adressé à Guillaume d'Altiniac, évêque
de Maguelone, il autorisa la dispensation des sacrements dans quatre et même cinq églises de la
ville, laissant d'ailleurs à la prudence du prélat le
droit de modifier ces dispositions selon les circonstances. Celui-ci en usa effectivement et, par égard
sans doute pour les droits paroissiaux de Saint-
Firmin, réduisit le privilége accordé par le pape à
une seule église : c'est N.-D. des Tables qui fixa
son choix.

A cette occasion, le 29 mai suivant, jour de la
Pentecôte, une assemblée nombreuse d'ecclésiastiques et de laïques se réunit dans l'église, qui fut
presque toute remplie, nous dit le procès-verbal;
et, après avoir entendu lecture du mandement de
Guillaume d'Altiniac, assista à la prestation de
serment que firent, entre les mains du prévôt de
Maguelone et au prieur de Saint-Firmin, les prêtres
attachés à Notre-Dame.

Il paraît que les droits de celle-ci ne durent pas
être bien réglés à ce moment, puisque sur les récla-

mations du prieur de Saint-Firmin et pour terminer le sérieux différend élevé entre lui et son confrère de Notre-Dame, intervint une sentence arbitrale du cardinal de Préneste, que confirma, en 1223, un accord définitif, conclu par les soins de l'évêque Bernard de Mèze. Il appert de cet acte que les priviléges de N.-D. des Tables, en tant que sanctuaire et lieu de dévotion, sont confirmés, avec réserve cependant pour le prieur de Saint-Firmin de recevoir lui-même, s'il le veut, les personnages de distinction qui font leur entrée dans la ville. En tant qu'église destinée au service religieux, ses droits sont considérablement réduits : il ne doit y avoir en effet que deux prêtres pour dispenser les sacrements; dans les solennités religieuses, la cloche de Saint-Firmin est sonnée avant celle de Notre-Dame ; dans les processions générales, que fait la paroisse et auxquelles sont tenus d'assister les chapelains de Notre-Dame, la croix paroissiale doit avoir le pas ; le jour des Rameaux, Saint-Firmin seul a le droit de faire la bénédiction des rameaux et la procession, à laquelle Notre-Dame doit, comme toutes les autres églises, se rendre sans faire elle-même d'offices ce jour-là ; de plus le prieur de Saint-Firmin peut prêcher ou faire prêcher à Notre-Dame à certaines fêtes.

A cette subordination hiérarchique s'en joint une matérielle : le prieur de Notre-Dame ne peut concéder la sépulture dans son église sans l'expresse permission de celui de Saint-Firmin; il ne peut rien exiger non plus pour les funérailles, dont le montant intégral revient à la paroisse.

Cet état de sujétion minutieuse à l'égard de Saint-Firmin, et la complète absence d'indications quant à la circonscription ou à la juridiction démontrent évidemment qu'en 1216 N.-D. des Tables ne fut nullement érigée en paroisse, mais devint simplement une « *ayde de paroisse* », comme dit quelque part Gariel, qui varie ailleurs d'expression ; une « *succursale privilégiée* », comme s'exprime M. Germain. Dès 1237, il est vrai, quelques-unes des entraves citées disparurent : la défense de prêcher et celle de faire la procession le jour des Rameaux et les trois jours des Rogations ; mais jusqu'à sa destruction Saint-Firmin resta l'unique paroisse de Montpellier.

Après avoir ainsi étudié la situation de l'église Notre-Dame relativement à celle de Saint-Firmin, demandons-nous quelle était sa propre organisation. Quant au clergé, l'acte de 1216 lui avait accordé six prêtres, mais ce nombre fut réduit au tiers par la transaction citée plus haut. A leur tête, avec le titre de *prieur*, nous trouvons un chanoine de Maguelone ; mais, simple titulaire de sa charge, il en confiait l'exercice à un *chapelain*, auquel était adjoint, sous le même nom ou celui de *sacristain*, un autre prêtre comme auxiliaire. Les documents, très pauvres à l'égard de ce prieur et de ses suppléants, le sont moins à l'endroit de l'administration temporelle de l'église. Nous avons déjà nommé au chapitre III les *ouvriers* (1) de N.-D. des Tables. L'existence fort ancienne de cette sorte de conseil laïque est constatée par le testament de Guilhem VI, en 1146, lequel charge le « *baille de l'œuvre Sainte-Marie* » de détenir deux moitiés de terres à Lattes jusqu'à concurrence de mille sols légués à cette église par le pieux seigneur.

Les ouvriers de Notre-Dame, qui prenaient quelquefois aussi le nom de *patrons*, étaient au nombre de trois. Ils étaient nommés par les consuls et à vie ; nous savons cependant, par l'exemple que nous allons bientôt citer, que les magistrats municipaux pouvaient dans un cas grave les révoquer : juste conséquence du principe qui leur en attribuait l'élection. Choisis dans les meilleures familles de Montpellier, comme les titres de *nobles hommes, honorables hommes* et *sires* nous l'indiquent, et en général dans les rangs de cette bonne bourgeoisie qui, avec le xive siècle, parvenait à la vie sociale, ils devaient encore être pris parmi les hommes habitués au maniement des affaires (notaires, marchands), et par leur caractère jouissant de la considération qui leur faisait donner dans les actes la qualification de *prudentes viri*.

En entrant en charge, ils prêtaient serment et

(1) Ces dénominations d'*œuvre, ouvriers,* qui ont disparu aujourd'hui de la langue usuelle dans le sens que leur donna le moyen-âge, se retrouvent encore néanmoins dans l'appellation employée quelquefois pour désigner le banc des marguilliers : *banc d'œuvre.*

s'engageaient à conserver loyalement et fidèlement
les biens de l'église. Puis ils recevaient « faculté et
» puissance de régir, gouverner et exercer l'office
» d'ouvrier en la forme accoutumée, tant qu'il plaira
» aux seigneurs consuls et à leurs successeurs pour
» le temps aucun. » Ils prenaient alors possession
des clefs nombreuses (1) dont la garde leur incombait: citons en particulier celle du rétable
d'argent confiée à l'œuvre et ne nous étonnons point
de la multiplicité des autres, commandée par celle
des armoires que possédait l'antique église de N.-D.
des Tables.

C'était, croyons-nous, la grande préoccupation
des ouvriers que de sauvegarder les richesses dont
ils étaient responsables tout au moins moralement.
Aussi en 1479, de concert avec les consuls, nommés
avant eux dans ce document, résolurent-ils « per ben
» et seguransa de las reliquias, libres et aultres
» ornamens » d'en dresser un exact inventaire. Requis
à cet effet, « maistres Pierre et Jehan Vidal » notaires
de l'œuvre, procédèrent, en présence et par les
ordres des ouvriers, à une minutieuse reconnaissance
des moindres objets mobiliers (2); elle fut signée
par les consuls et les ouvriers et gardée avec soin
dans la *babula* du notaire, qui en fit faire une expé-

(1) Un *moulon* de clefs, dit l'acte.
(2) Nous regrettons que les bornes de notre travail nous
interdisent de longues et naïves énumérations, dans lesquelles
on eût vu jusqu'à « ung *floquel* de damas. »

dition (nous demandons grâce pour un mot si moderne) seule existante aujourd'hui. Cette opération, renouvelée treize ans après et plusieurs autres fois, fut toujours faite avec la même rigoureuse exactitude ; on y procédait par journées, et ce serait le cas de dire à petites journées. C'était le notaire lui-même, vu l'importance de la chose, qui de sa propre main écrivait l'inventaire et en parafait l'*extraict* couché sur le registre d'où nous avons tiré ces curieuses indications.

On pense bien qu'à ces attributions intérieures les ouvriers en joignaient de plus graves. Ils interviennent, en effet, comme partie et bailleurs, dans les contrats passés avec les peyriers et autres artisans pour les réparations de l'église. Mais là encore leur administration est contrôlée et partagée par les consuls.

Vint un moment où les ouvriers voulurent s'affranchir de la tutelle de ces derniers. Il serait curieux de suivre par le détail cet essai d'indépendance ; nous ne pouvons, quant à nous, qu'effleurer la procédure. C'est à la première année du xvie siècle que s'éleva ce grave différend. Nous devons auparavant mentionner une insidieuse tentative au sujet de l'élection d'Antoine Salomon, notaire du consulat, lequel « par inadvertance et à l'aventure, par importunité des ouvriers », comme les en accusèrent les consuls, avait été mis en la charge de patron. S'appuyant sur ce précédent, les ouvriers de Notre-Dame se permirent, en juin 1500, de « n'avoir pas

» regard à l'élection faite par les consuls de maître
» Jean Prunier, mais icelle cassant faire de nouvel
» autre élection de la personne dudit Prunier » :
preuve irrécusable que c'était non l'élu, mais les
électeurs qu'ils visaient par cet acte. Or, cela étant fait
« au grand mépris des consuls et de leur autorité »,
ainsi qu'au « grand préjudice de la ville », les consuls
résolurent de réprimer sévèrement cette rébellion.
Ils ne parlèrent de rien moins que de destituer les
deux ouvriers survivants et contraindre par voie de
justice la veuve de défunt Pierre Compaing, dont
la succession ouverte avait causé tout le débat, à
rendre les clefs confiées à son mari. La procédure
traîna 52 jours par des lenteurs voulues ou forcées,
et occupe 25 pages de notre registre. Elle se termina
à l'avantage des magistrats de la ville : l'élection de
Prunier par les ouvriers fut mise à néant, et le 28
juillet fut nommé par les consuls sire Estienne
Manin.

II.

Ainsi placée comme église sous la double tutelle
de la paroisse et de la ville, N.-D. des Tables
jouissait en revanche comme sanctuaire de privilèges
nombreux. La dénomination d'*église majeure* lui était
dévolue, en raison des grâces que Dieu y répandait :
c'est ainsi qu'elle est désignée fréquemment dans les
bulles des papes et d'une manière constante par l'historien Beuter. Elle partageait avec les autres églises

de Montpellier la faveur, accordée par Adrien IV, de ne pouvoir être mise en interdit. Le privilége du *droit d'asile* lui était exclusivement reconnu ; il donna lieu au commencement du xive siècle aux justes réclamations des consuls. S'abritant en effet derrière l'article XXXe des Coutumes, qui assurait aux pélerins complète sécurité pour deux jours et deux nuits, les débiteurs de mauvaise foi y trouvaient le moyen d'échapper aux poursuites de leurs créanciers. En 1319, André de Fredol, évêque de Maguelone, reçut du pape Jean XXII, appelé à réformer ces abus, l'ordre de les faire cesser.

Cette intervention des papes était d'ailleurs fréquente, et l'histoire de Montpellier en fournit des preuves multipliées. Celle de Notre-Dame des Tables revendique à son tour une part assez large de la sollicitude pontificale. Nous avons déjà parlé d'une bulle de Grégoire IV, dès les origines du culte, accordant des *indulgences* aux fidèles qui enrichiraient la chapelle de leurs dons. En 1377, Grégoire XI, à la demande des consuls, renouvela ces largesses spirituelles (pour 20 ans, 1 an et 40 jours) dans les mêmes conjonctures. Mais ces conditions matérielles n'étaient pas toujours exigées, et c'est surtout pour porter les peuples à la piété que les souverains-pontifes usèrent, en faveur du sanctuaire, de leur droit de dispensation sur les trésors de l'Église. En 1237, Grégoire IX octroya une indulgence de 20 jours à tout fidèle qui, contrit et absous de ses fautes, visiterait le sanctuaire. En 1292,

Nicolas IV accorda, aux mêmes conditions, 1 an et
40 jours, pour les fêtes de la Nativité, de la Purification, de l'Annonciation et de l'Assomption de
la Sainte-Vierge, pour les fêtes de saint Michel et de
sainte Marie-Madeleine, pour les octaves des fêtes
ci-dessus et pour l'anniversaire de la consécration
de l'église (25 août). En 1367, par une bulle datée
de Montpellier même, Urbain V renouvela ces
indulgences à l'égard des fêtes de la Purification et
de l'Annonciation; et pour celles de la Nativité et de
l'Assomption les étendit à 100 jours pour chacun
des jours de leurs octaves. Nous ne nous arrêtons
pas aux indulgences accordées par les évêques soit
de Maguelone, soit de la région. Elles sont nombreuses et se produisirent surtout à l'occasion des
consécrations de l'église.

La première de ces cérémonies eut lieu en 1230,
sous l'épiscopat de Bernard de Mèze et par ses soins.
A sa prière et celle des consuls, le pape Grégoire IX
adressa aux archevêques de Narbonne, d'Aix et
d'Arles, ainsi qu'à leurs suffragants, une lettre les
engageant à prêter leur concours à cette solennité.
Ainsi devenue, par l'invitation spéciale du Pontife,
en quelque sorte une fête pour la région, elle eut
lieu le 25 août et attira à Montpellier une extrême
affluence de prélats et de fidèles. Les évêques pré-
sents accordèrent une année entière d'indulgences à
ceux qui assisteraient à la cérémonie. Retenus par
les troubles de leurs diocèses, les évêques de Riez
et de Marseille ne purent arriver que le lendemain

de la consécration et s'empressèrent, en donnant les
motifs de leur retard, d'accorder à leur tour pour
l'anniversaire de ce jour et son octave une indulgence de 40 jours. L'année 1268 et le même
jour, 25ᵉ d'août, virent renouveler ces fêtes sous
Bérenger de Fredol, évêque de Maguelone. Le
prélat consécrateur fut le cardinal Guy de Folanques.
Tous détails manquent d'ailleurs sur une cérémonie
qui fut amenée par de nouvelles réparations, et
qu'on étendit aux églises Saint-Denis et Saint-
Firmin. On a déjà remarqué que la même date fut
choisie pour les deux consécrations. La fête en est
marquée au calendrier du *Petit Thalamus*, et elle
devait se célébrer à Notre-Dame.

Nous savons en effet par Gariel que cette église avait
un *Rituel propre,* dont il donne la description et d'où il
a extrait quelques oraisons. Ce précieux livre est
introuvable depuis deux siècles, et nous ne saurions
trop déplorer la perte d'un tel document. Il nous
aurait transmis sans doute *l'office spécial de la fête
des Miracles,* dont la date même de composition
semblait devoir promettre quelqu'une de ces sé-
quences ou de ces hymnes suaves dont le secret
appartint au xIIᵉ siècle et au xIIIᵉ. Cette fête du
31 août était chômée pour toute la ville, est-il
nécessaire de le dire ? Mais la solennité liturgique
ne paraît pas avoir été étendue alors au diocèse de
Maguelone, puisque le missel ni le rituel de cette
église n'en font nulle mention.

La seule *collecte* de la messe est au nombre de

celles que Gariel a, par un soin pieux, sauvées de
l'oubli des temps. Comme aujourd'hui elle ne peut
plus, par décision de la Cour de Rome, se réciter à
l'office liturgique qu'avec une modification, nous en
donnons ici la traduction, en rappelant la vertu
qu'on lui attribuait et qu'éprouvèrent Jacques
Suffred, de Béziers, et un orfèvre de Mâcon, ainsi
qu'il a été raconté. S'il nous était permis d'inscrire
dans ces pages un souvenir personnel, nous dirions,
à la gloire de Notre-Dame des Tables et pour exhorter
ses dévots à employer cette belle oraison, que nous-
même en avons reconnu, à une heure de doulou-
reuse angoisse et durant le cours de cet ouvrage, la
merveilleuse et prompte efficacité.

ANCIENNE ORAISON DE NOTRE-DAME DES TABLES:

« *O Dieu, qui avez rendu ce jour célèbre par le commencement des miracles opérés dans cette église de la
glorieuse Vierge Marie, faites, nous vous en prions,
que, comme nous y sommes guéris par son intercession
des infirmités du corps, nous soyons aussi délivrés dans
l'âme de la contagion du péché. Par Jésus-Christ, etc.*»

Aux priviléges déjà mentionnés l'église N.-D.
des Tables ajoûta l'honneur de voir tenir sous
ses voûtes deux *conciles*: le premier en 1214-1215,
le second en 1224. Nous n'avons pas à relever les
dispositions qui y furent prises, elles ne regardent
point l'histoire que nous écrivons; mais rappelons
les circonstances qui amenèrent la réunion de ces

assises de la foi orthodoxe. A leur date même ne les
a-t-on pas déjà devinées ? Il s'agissait de combattre
l'hérésie albigeoise qui avait infecté tant de villes du
midi. Montpellier dut à l'intégrité de sa foi et à la
sûreté de ses murailles l'avantage de fixer le choix
des évêques ; et, parmi toutes ses églises, celle de
Notre-Dame fut avec raison préférée. N'était-il pas
convenable de placer sous le patronage de la
Vierge qui détruit toutes les hérésies les efforts destinés
à en combattre une des plus dangereuses ? Les deux
conciles eurent le même objet, et c'est peut-être à
la circonstance de leur réunion dans son enceinte
que notre sanctuaire dut d'être placé au nombre des
pélerinages imposés aux hérétiques convertis.

Pour compléter ces détails concernant le culte de
Notre-Dame des Tables à un point de vue exclusivement religieux, mentionnons enfin l'existence d'une
Confrérie spéciale érigée en son honneur. Les quelques
rares détails que nous avons pu recueillir à ce sujet,
nous sont fournis par un curieux procès-verbal de
l'an 1388. Cet acte, qui mentionne l'antiquité de
la confrérie à cette époque *(ab olim et ab antiquis
annis)*, a pour objet la donation faite à l'église d'un
beau rétable d'argent que nous décrirons bientôt.
acquis des deniers de cette même confrérie. Nous y
voyons figurer quatre *prévôts*, parmi lesquels un
Izarn Teinturier, de cette famille qui gouvernait le
resenh, comme nous l'avons dit ailleurs. Faudrait-il
en augurer que l'entretien de ce fameux resenh était
une des obligations de la confrérie ? Les prévôts sont

qualifiés de *discreti viri*. A un membre de l'œuvre et
à un membre de la confrérie est confiée la garde du
rétable avec les deux clefs des serrures à vertenelles
qui le ferment; et il est vraiment curieux de lire
l'énumération des garanties prises pour l'avenir
contre les confrères mêmes. Le rétable ne doit, sous
aucun prétexte, être vendu, engagé ni transporté
en autre lieu; en cas d'infraction, le prieur et le
sacristain de l'église sont tenus de s'y opposer par
la force. Nous savons d'autre part que les confrères
de Notre-Dame des Tables portaient fréquemment
la *Magestat* aux processions.

CHAPITRE VII.

I.

Vers la fin du XIVe siècle, le temps avait commencé son œuvre destructrice sur l'édifice si magnifiquement agrandi au XIIe. Nous avons dit déjà la résolution des consuls de le faire réparer, leurs soins à cet effet, les ressources que leur créa l'octroi d'indulgences concédées par le pape et les évêques de la région aux bienfaiteurs du sanctuaire. Il nous reste à dire avec quel zèle actif furent menées ces importantes réparations et surtout quels en furent les résultats.

Le rapide tableau chronologique des travaux parlera assez éloquemment, croyons-nous, quant au premier point :

1363 1377	Réparations aux cloches.
1382	Réparations aux voûtes intérieures.
1393	L'Aiguille est refaite en conservant les anciens ornements, et surmontée de deux boules en cuivre.

1412   Cette Aiguille, endommagée par la foudre, est réparée à neuf, sans mention de boules dans le devis.

1427   A la suite d'un semblable accident, elle est réparée suivant un devis perdu, mais d'un contrat concernant Saint-Firmin il résulte qu'on y plaça une boule de cuivre.

1432   Construction de la tour de l'Horloge.

1471   Réparations à la grande Tour et à ses cloches.

1472   Construction de la sacristie, de l'escalier à. vis.

1472
  à   } Réparations intérieures : chapelles, autels,
1478   grilles, orgues, verrières.

1477   Réparations à la toiture.

1492   Restauration des murs, ornements du cadran de l'horloge.

1495   Couronnement de l'Aiguille par une croix dorée placée sur une boule également dorée.

Essayons maintenant, à l'aide des documents, de décrire l'aspect extérieur et intérieur de l'édifice au xvie siècle.

Le premier objet qui devait, et de loin, frapper les yeux de l'étranger arrivant à Montpellier, c'était la *grande Tour*, située sur le flanc droit de l'église, du côté sud et en face la maison consulaire. Elle était de la plus élégante structure, et d'une hauteur qu'il est impossible de bien déterminer, mais déclarée telle qu'on l'admettrait difficilement sans le témoignage de ceux qui l'ont admirée. Carrée depuis la base jusqu'à la voûte qui renfermait les cloches (au nombre de cinq en 1562), elle était percée au-dessous de celle-ci de deux belles fenêtres gothiques et dominée par une large terrasse, munie d'un balcon où figuraient en relief les armes de la cité, entre des gargouilles ornées de merveilleuses figures d'animaux. Du milieu de cette terrasse s'élançait hardiment une pyramide à double voûte, de forme octogonale, percée de fenêtres sculptées et couronnée par une grande boule dorée. Celle-ci était surmontée d'une croix dorée aussi, présentant d'un côté l'image du Christ, de l'autre celle de la Vierge Marie. La bénédiction solennelle de ces deux objets (boule et croix) avait eu lieu en 1495, et avait été accompagnée du dépôt de précieuses et curieuses reliques dans une cassette placée sous la boule. La pyramide, appelée *Aiguille*, était entourée à sa base d'un portique circulaire, où l'on éclairait chaque nuit des flambeaux qui brillaient, paraît-il, jusqu'à la mer; on y pénétrait par un escalier à vis, pratiqué à l'intérieur.

L'édifice auquel était adossée cette célèbre tour, en était digne, suivant les mêmes témoignages. Bien que de proportions assez réduites, à ce que prétend Gariel (20 pas de largeur sur 60 de longueur), la beauté des ornements en faisait une œuvre remarquable. La porte percée dans la grande Tour était de marbre poli et de forme cintrée. Celle de la façade, qui était la principale, donnait vis-à-vis la Loge des marchands, du côté de l'Aiguillerie. Rien de plus

7

curieux d'ailleurs et de plus composite que cette
façade toujours respectée, à laquelle toutes les
époques laissèrent leur cachet, et dont l'aspect et la
description pourraient, à défaut d'autres documents,
servir à reconstituer les phases diverses d'embellissement du sanctuaire. A la période primitive ou
romane appartient le plein cintre de la porte
décorée au xii° siècle de ces délicates sculptures
sur lesquelles l'ornementation flamboyante du xiv°
vint renchérir. De chaque côté de cette porte des
colonnes de marbre blanc, les unes feuillées à chapiteaux également feuillés, les autres cannelées ou
plutôt polygonales à chapiteaux sculptés, représentant les mystères de la religion, soutenaient le
cintre blanchi, découpé de fines dentelures *(bestions,*
fulhages et ramages), que rehaussaient des couleurs
variées. Des statues s'élevaient entre ces diverses
colonnes, dont les deux les plus rapprochées de la
porte, en marbre gris et blanc, étaient unies par une
traverse, sur laquelle reposaient les statues des saints
patrons de l'église, où l'on vénérait leurs reliques.
De chaque côté du cintre était sculpté un lion, et
au-dessus s'étendait un large balcon découpé par des
fleurs de lis, à l'extrémité gauche duquel on aper-
cevait l'écusson royal peint en bleu et chargé de
trois fleurs de lis d'or. Ce balcon, sur lequel s'ouvrait
une fenêtre ogivale, était surmonté d'un arc de
même style un peu écrasé. Apparaissait plus haut le
cadran de l'horloge, orné d'un côté de la figure de
la Vierge, de l'autre côté de celle de l'archange

Gabriel qui la salue, et décoré lui-même d'heures et d'un soleil peints avec soin. Sous la corniche qui domine et finit cette partie de la façade, lisons l'inscription en relief, aux caractères gothiques d'un pied de haut :

AVE MARIA GRATIA PLENA JUVA NOS OMNI HORA

qui rappelle avec la scène de l'Annonciation qu'elle surmonte, la vieille devise chère à nos aïeux. Au-dessus s'élève la *Tour de l'Horloge*, de forme octogonale, avec sa galerie à clochetons et la grosse cloche où sont frappées les heures et sur laquelle on a gravé l'effigie de la Vierge avec le tourteau à ses pieds.

Quittons la façade si minutieusement explorée et, en faisant le tour des murs du sanctuaire, percés à deux étages de fenêtres cintrées dans le plus bas, ogivales dans le plus haut, saluons de près la *grande Tour* qui de loin a frappé nos regards. Malencontreuse nécessité, la sacristie du XVᵉ siècle est venue détruire l'harmonie régulière de l'édifice, qu'elle a entamé du côté sud vers le chevet de l'église. Ce chevet est de forme absidiale et renferme la *Chapelle majeure* dont nous parlerons bientôt. Du côté nord et faisant pendant à celle de la grande Tour, une autre porte, sur laquelle nous n'avons pu recueillir de détails. Était-ce au-dessus de celle-ci ou d'une autre qu'on lisait l'inscription suivante :

HIC DATUR EXPONI
CŒLUM DEVOTIONI ;
CURRITE SANCTÈ ET BENÈ
UT ACQUIRATIS PLENÈ.

« *C'est ici qu'il est donné d'ouvrir le ciel à la dévotion ; accourez pieusement et avec zèle afin de l'obtenir
sûrement* » ? Nous l'ignorons ; mais pourquoi ne pas
suivre l'invitation qu'elle nous adresse, en pénétrant
dans l'église par la porte de la façade afin d'en mieux
saisir d'un coup d'œil l'aspect intérieur ?

II.

CE qui frappe tout d'abord , c'est la hauteur de la
voûte supportée par des colonnes à chapiteaux
corinthiens , d'un travail admirable, comme parle
Gariel. Ces colonnes formaient-elles une triple nef
dans le temple, ainsi que D'Aigrefeuille fait au vieil
historien le reproche de l'avoir laissé supposer ? Vu
la largeur donnée , diminuée de l'épaisseur des
murs et de la profondeur des chapelles , nous hésitons à le croire, et préférerions les placer entre ces
chapelles et sur leur alignement. Elles pourraient
alors faire suite à « cet ordre imposant de pilastres
carrés, réunis en portique », qui régnait autour du
sanctuaire. Le maître-autel en occupait le milieu et
semblait concentrer toutes les richesses.

Les deux statues : la *Magestat antiqua* et la *Vierge
de l'orfèvre*, y étaient toujours exposées à la vénéra-
tion des fidèles. D'après les vieux inventaires, nous
ne doutons pas que la première ne fût habillée. Ils
mentionnent en effet un véritable *vestiaire*, qu'on
nous pardonne le mot, pour Notre-Dame et pour

Notre-Seigneur, dont les parures s'assortissent toujours d'ailleurs avec soin. Nous y voyons figurer pour l'un et l'autre quantité de robes ou manteaux de couleurs diverses, probablement suivant le temps liturgique, en riches étoffes de taffetas, damas et velours, brodées d'or ou d'argent, ainsi que des couronnes de velours, brodées de paillettes d'or et d'autres tout entières de ce dernier métal; pour la Vierge, un tablier d'argent rayé d'or, voire des ceintures, dont l'une à boucle et longs bouts (elle a 1 mètre 25 de long), ornée de 53 boutons d'argent doré bien comptés. Nous ne saurions nous étonner ni de l'usage des vêtements, qui fut commun à toutes les vierges de bois noir, ni de la multiplicité et de la richesse de ceux que possédait Notre-Dame des Tables: ces objets passent presque inaperçus, quant à leur valeur, parmi ceux que nous révèlent les inventaires et nous ne les signalons que pour leur intérêt. Nous avons décrit ailleurs les détails et les ornements de la Vierge d'argent. Elle était posée sur « una escabela de fusta (bois) coberta dargent ambe una saralha de ferre. »

Ces statues étaient entourées de quantité d'autres plus petites d'argent en relief, d'argent pur ou doré, d'or émaillé, qui leur composaient, ajoute Gariel, une espèce de cour. L'autel, désigné sous le nom d'*autel majeur*, était lui-même revêtu d'argent et surmonté « d'ung palis » ou dais de soie perse brochée d'or de Lucques; ce dais était décoré d'un écusson doré où figurait un pélican. Les lampes d'argent des

sixains, dont nous avons déjà parlé, étaient placées
devant cet autel. Si l'on ajoute par la pensée à ces
magnificences celles du rétable également d'argent à
dix figures en relief (1), on demeurera ébloui d'une
aussi splendide décoration ; mais si l'on songe de
plus que chacune de ces merveilles rappelait quelque
faveur obtenue, comme nos pères, on n'hésitera pas
à leur donner le nom significatif de « *lous triomphes
de la gracie de Nostre Dame.*»

Dans le sanctuaire même et derrière l'autel, mais
séparée de celui-ci, croyons-nous, par une balustrade, se trouvait une chapelle désignée sous le
nom de *Chapelle majeure* où se gardait la réserve.
L'inventaire de 1508 souvent cité nous autorise à
croire que les consuls y avaient leur place fixée.
De chaque côté du maître-autel, remarquons une
autre chapelle, à droite assez probablement celle de
Saint-Sauveur, si célèbre au moyen-âge. Les stalles
des prêtres et les siéges des chantres suivaient la
galerie circulaire qui devait, en isolant le giron de
l'autel majeur, conduire soit aux chapelles latérales
du sanctuaire, soit à la *Chapelle majeure*. Enfin une
belle grille séparait le chœur de la nef.

Nos recherches au sujet des diverses chapelles et
de leur emplacement respectif, sans nous fixer sur

---

(1) Celles de Notre-Seigneur, de la Sainte-Vierge couronnée
par son divin Fils, des saints Pierre, Jacques, Jean-Baptiste
et Blaise, des saintes Madeleine, Catherine, Lucie et
Florencie.

ce dernier point, nous ont permis de découvrir le vocable de douze autels , sans parler de la *Chapelle majeure* et de celle de *Sainte-Madeleine*, sur laquelle nous allons revenir. D'après les dimensions de l'édifice et le nombre inférieur de chapelles (dix) que renferma la troisième église , nous pensons que la première en eut le nombre même que nous avons retrouvé. Deux d'entre elles étant situées dans le chœur, il y en avait cinq de chaque côté de la nef. Voici au surplus les vocables découverts :

1. *Saint-Sauveur.*
2. *Saint-Jean-Baptiste.*
3. *S.-Suffre* ou *Suffrein.*
4. *Saints-Innocents.*
5. *Sainte-Catherine.*
6. *Saint-Blaise.*
7. *Saint-Martin.*
8. *Saint-Michel.*
9. *S. Pierre de la Tribune.*
10. *L'Annonciade.*
11. *L'Assomption.*
12. *Bethléem.*

Un détail spécial à cette dernière : sous la dénomination populaire de *Notre-Dame qué chay* (qui gît), elle servait aux relevailles de couches.

Nous ne voulons pas nous arrêter à l'énumération des objets d'ornementation mobilière de l'église : orgues , verrières , bénitier, etc., ils ne nous paraissent offrir aucun intérêt particulier , et nous aimons mieux, à la lueur des flambeaux, pénétrer dans la chapelle souterraine de *Sainte-Madeleine.* Elle était située sous le sanctuaire et l'on y arrivait par un escalier pratiqué vers la droite sous la grande Tour. Les offices s'y célébraient à la mystérieuse clarté des torches et cierges, teignant de chauds reflets les colonnes de marbre blanc d'une seule pièce, artistement sculptées, dont la chapelle était décorée.

Pensée merveilleuse d'à-propos de choisir pour cette crypte obscure, sorte de tombeau d'où semblait germer et s'élancer vers le ciel l'édifice aux tours hardies, le patronage d'une sainte qui se pencha un jour avec tant d'angoisse et tant d'amour sur le glorieux sépulcre d'où devait avec le Christ ressuscité surgir le triomphe de sa religion !...

TROISIÈME PÉRIODE.

DE LA PREMIÈRE DESTRUCTION DE L'ÉGLISE N.-D. DES TABLES PAR LES HÉRÉTIQUES JUSQU'A SA RUINE TOTALE (1562-1806).

--- - --- - ---

CHAPITRE VIII.

DES SPOLIATIONS ET RECOUVREMENTS SUCCESSIFS DE L'ÉGLISE NOTRE-DAME. (1561 à 1564).

I.

Mais à la période même où nous amène le cours de notre travail, en attendant le matin radieux du triomphe, l'Église, comme son divin fondateur, devait passer par les douleurs les plus cruelles. Le XVIᵉ siècle, en effet, est celui de la Réforme.

C'est du commencement de février 1559 que datent les premières prédications calvinistes à Montpellier. Sur la demande de quelques adeptes de la nouvelle secte, Guillaume Mauget, ministre à Nimes, fut envoyé en cette qualité dans notre ville, et le 8 du mois précité créa ses ministres subalternes, premier acte d'organisation qui fit regarder ce jour par les réformés comme celui de l'établissement de leur secte à Montpellier. Elle reçut bientôt un nouvel accroissement par l'arrivée de Jean Chassinon ou de la Chasse, venu de Genève pour suppléer, à titre de ministre fixe, Mauget, que ses occupations rappe- laient à Nimes et contraignaient à ne faire ici que de courtes apparitions. Secrètement introduit dans la ville, Chassinon y prêcha de même durant quatre mois dans une cave; et ce fut seulement après la mort de Henri II (10 juillet 1559) que les sectaires osèrent se réunir en plein jour chez un des leurs, Didier Baudier. Les officiers royaux avertis y accou- rurent et opérèrent quelques arrestations. Dispersée par la force, l'assemblée se reforma, le soir même, comme par manière de protestation, dans le local de l'Ecole-Mage, à la Blanquerie (1). Au nombre de 1200, les protestants y firent publiquement leur cène et, au sortir de là, se portèrent sur l'église Saint- Matthieu, qu'ils envahirent et dans la chaire de laquelle monta un de leurs prédicants.

C'est à la faveur des graves évènements dont la cour était alors le théâtre, et dont chaque incident est marqué dans notre cité par quelque contre-coup que les réformés osaient se montrer aussi audacieux.

_____

(1) Actuellement hôpital Saint-Éloi.

Une cause des rapides progrès de l'hérésie à Montpellier, commune à notre ville et à toutes les autres
du royaume, fut évidemment la rivalité des partis,
qui, sous un prétexte religieux, cachaient le but
politique de soustraire les provinces à l'autorité
royale. Mais un autre motif, et celui-ci tout propre
à Montpellier, fut le goût pour la nouveauté d'esprits
portés par leurs études aux spéculations aventureuses
et au libre examen. C'est pourquoi nous voyons,
dès la première heure du protestantisme (1559)
dans notre cité, un écolier en médecine, Georges
Crouzier, figurer parmi les « *surveillants* » de la
nouvelle secte ; un docteur Bocaud, régent de cette
même École, demander des obsèques calvinistes, en
juillet 1561 ; et le célèbre Rondelet adopter les idées
réformées. Malheureusement l'évêque de Montpellier, Guillaume Pélissier, n'était pas à la hauteur
de cette tâche difficile qu'imposent aux pasteurs des
peuples les jours de l'hérésie. En rejetant avec Gariel
d'odieuses imputations à son égard, en rappelant le
cri d'alarme et la demande d'un secours efficace
adressés par lui, dès 1560, à la reine Catherine de
Médicis, il faut néanmoins avouer qu'il ne sut pas
s'opposer avec assez de force aux progrès de l'erreur
dans sa ville épiscopale, et que ses différentes
retraites à Aigues-Mortes, à Maguelone, à Montferrand, où ses études l'absorbèrent trop, laissèrent
sans défense le troupeau confié à sa garde. Pressant
cependant était le péril ; car, si les réformés avaient
été un moment contraints, par le mauvais succès de

la conjuration d'Amboise, de restreindre leurs prétentions, ils les reprirent dès l'édit lancé pour la
convocation des États généraux à Orléans et la sus-
pension des rigueurs contre eux. Réduit plusieurs
fois dans les trois derniers mois de 1560 à quitter
Montpellier, pour se retirer dans les Cévennes ou à
Genève, Chassinon y revint définitivement à la mort
de François II (décembre 1560); et, grâce à la
politique de bascule de la reine-mère, les sectaires
commirent dans notre ville les actes d'audacieuse
violence que nous avons à rapporter. Ils entrent
complètement dans notre sujet, et c'est pour leur
intelligence que nous avons dû éclairer les origines
du protestantisme à Montpellier.

S'il est un nom odieux à l'erreur, parce qu'il lui
rappelle de honteuses et multipliées défaites, c'est
celui de Marie ; et s'il est une hérésie acharnée entre
toutes contre l'auguste Mère de Dieu, c'est celle de
Calvin. Aussi tous les efforts de ses sectateurs à
Montpellier tendirent-ils, durant ces longues années
de troubles suscités par eux dans notre ville, à
détruire le culte antique de Notre-Dame des Tables.
On sent bien, en étudiant cette période de notre
histoire locale, que le duel entre catholiques et
protestants se livre sous les murs et pour les murs
de son église, où tout converge : tentatives des réformés et leurs violences, héroïsme des évêques,
regrets, projets et espérances des fidèles.

Naguère nous disions les splendeurs de ce culte
béni à la fin du moyen-âge ; il faut en retracer à

cette heure les vicissitudes rehaussées par d'illustres et saints dévouements.

La lutte contre l'hérésie protestante, à ce point de vue particulier, peut être divisée en trois phases :

1° Spoliations et recouvrements successifs de l'édifice, de 1561 à 1564.

2° Sa première destruction et sa reconstruction, 1568 à 1608.

3° Sa deuxième destruction et sa réédification, 1621 à 1655.

C'est à la première qu'est consacrée la fin du chapitre actuel.

II.

Un des premiers actes de la régence de Catherine de Médicis fut la publication de l'*Édit de juillet* (1561), qui stipulait défense de prêcher ou administrer les sacrements autrement qu'il n'était ordonné par l'Église catholique. Publié à Montpellier le 30 août suivant, cet édit fut diversement interprété par chacun des deux partis, qui revendiquait pour son Église le titre de catholique; et les protestants se résolurent à tenter contre Notre-Dame un envahissement qui leur avait si bien réussi pour Saint-Matthieu. Ils avaient préludé à leurs attaques contre ce sanctuaire par leurs efforts pour troubler les cérémonies qui s'y faisaient. En effet, ayant dressé des enfants à chanter les psaumes traduits en langue vulgaire par Clément

Marot, ils les envoyaient sous le parvis du Consulat, pendant les prédications du carême, fort suivies des catholiques cette année même par protestation, afin de mêler à la prière des fidèles leurs clameurs de grenouilles de marais, comme prétend Gariel, à l'aide d'un jeu de mots (1) dans le goût du vieux chanoine.

Le 24 septembre, à l'heure de la première messe, trois de leurs surveillants se présentèrent à Notre-Dame et réclamèrent, au nom du consistoire, le droit de prêcher une heure chaque jour après les offices du matin. Ils furent renvoyés avec un refus qu'ils devaient attendre, mais sur lequel aussi ils étaient résolus de passer outre, puisque, par l'ordre des chefs du parti, quelques heures après une troupe nombreuse envahissait l'église. La présence du premier consul, Jacques David, seigneur de Montferrier et fauteur secret de l'hérésie, au lieu de dissiper le tumulte ne fit que l'augmenter, en accroissant l'audace des réformés. Sous ses yeux et par ses ordres, inventaire fut dressé du mobilier et des trésors de Notre-Dame, lesquels furent déposés au Consulat; et les huguenots se saisirent des clefs de l'église, qu'ils appelèrent du voisinage de la Loge : *Temple de la Loge.* Ainsi s'était accomplie en quelques instants, par la violence des sectaires, la complicité des magistrats et l'inertie des catholiques surpris, la spoliation d'un édifice jusque-là si vénéré.

(1) *Marotis, mareotis.*

Le soir même, un ministre calviniste, Claude Formy, montait dans la chaire de Notre-Dame, et ses voûtes encore frémissantes des louanges de Marie devaient répercuter les plus violentes déclamations de la haine !...

Enhardis par ce nouveau succès, par la timide politique de la reine et l'absence des magistrats, excités par la retraite du clergé et le dépôt de l'argenterie des autres églises dans la cathédrale de Saint-Pierre, les réformés en entreprirent le siége dès le 19 octobre ; et, par une convention menteuse, ayant fait sortir les catholiques de la forteresse, ils en massacrèrent un grand nombre et s'emparèrent des richesses qu'une juste frayeur y avait entassées. Puis, se répandant dans toute la ville, ils pillèrent et détruisirent les églises et les monastères, et persécutèrent violemment les catholiques. C'est à ce moment qu'il faut placer la noble intrépidité d'Izarn du Jardin, marchand, qui, selon le mot de Gariel, préféra le naufrage de ses biens à celui de sa foi.

Le 20 novembre 1561, fut publié en notre ville un nouvel édit, rendu en octobre par la reine-mère, qui enjoignait aux protestants d'évacuer les églises dont ils s'étaient emparés. A quel mobile cédèrent-ils en paraissant s'y conformer à l'égard de Notre-Dame ? Nous l'ignorons ; mais toujours ne semble-t-il pas qu'ils fussent résolus à obéir aux ordres royaux, puisque, dès le surlendemain 22, le consistoire faisait sommer les chanoines de la cathédrale de lui livrer les trois églises Notre-Dame, Saint-

Paul et Saint-Matthieu. Les quelques chanoines échappés au massacre de Saint-Pierre ou à la fuite signèrent, avec une inqualifiable lâcheté, la cession demandée par les hérétiques. Il est vrai que dans cet acte, dont la valeur est nulle par cela seul, la pression paraît d'une manière évidente par la mention des inconvénients et dangers qui menacent les chanoines et par la réserve des droits des intéressés.

Cette apparence de légalité mise à la spoliation eut pour effet de faire jeter le masque aux magistrats, secrets partisans de l'hérésie, et, pour la première fois, ils parurent au temple protestant en robes rouges. Aussi plus de frein désormais : les prêtres, les religieux et les religieuses, contraints de quitter leur habit, le furent encore d'assister au prêche ; les officiers de justice durent échanger le bonnet carré, déclaré trop conforme au costume romain, pour le bonnet rond et ainsi s'acheva, dans la plus violente persécution et les excès les plus horribles, l'année 1561.

Celle qui suivit, débuta par l'*Édit de janvier*, lequel enjoignait aux réformés d'évacuer les villes closes. Montpellier étant de ce nombre eût dû les voir s'éloigner ; mais, tout au contraire et comme pour braver l'ordonnance royale, les sectaires ne craignirent point de faire, le 18 février, une cérémonie solennelle au *Temple de la Loge*. Le célèbre Pierre Viret y donna un discours auquel assistèrent, en corps et avec l'appareil des grandes solennités, la plupart des officiers du Présidial. Néanmoins, sur les représentations du comte de Crussol, les protestants allèrent célébrer leur cène, à la fête de Pâques, dans les fossés de la ville; et, d'après les ordres de la reine, ce même seigneur de Crussol et celui de Joyeuse tentèrent de réconcilier les partis à Montpellier. Mais ils virent bien le peu de fonds qu'on pouvait faire sur les promesses des huguenots, par le trouble que ceux-ci excitèrent à la messe célébrée le 12 avril à Saint-Firmin en signe d'union. Désespérant de pacifier la ville, Crussol et Joyeuse la quittèrent. A peine étaient-ils partis que, sous prétexte du mauvais temps, les réformés, abandonnant les fossés, retournèrent au *Temple de la Loge;* et, puissants au sein des conseils de la cité, firent fondre toute l'argenterie des églises, déposée à l'hôtel-de-ville, afin de solder les troupes qu'ils entretenaient pour contenir les catholiques. C'est alors que furent perdues pour la postérité ces richesses que la piété avait accumulées à N.-D. des Tables pendant des siècles, et dont l'énumération nous révèle un trésor précieux. Alors aussi et peut-être dès les premières attaques en 1561, disparut la Vierge miraculeuse, l'antique *Magestat,* renversée en ces heures néfastes de fureur populaire d'un trône où jadis l'avait entourée la plus fidèle piété.

Cependant l'*Edit d'Amboise,* publié à Montpellier le 12 mai 1563, remettait les ecclésiastiques en possession de leurs biens; mais les huguenots en prévinrent l'exécution en ruinant le mobilier des églises restées debout dans l'intérieur de la ville.

8

Leur fureur se porta principalement sur les cloches, ces voix convocatrices de la prière. Celles de Notre-Dame furent mises en pièces, à l'exception de la grosse appartenant à la ville et réservée en cas d'incendie ou de tumulte. Au surplus les huguenots eurent soin de se munir d'une déclaration écrite, toujours arrachée par la peur aux quelques chanoines et prêtres restés dans la ville et consentant à leur laisser Notre-Dame, Saint-Matthieu et Saint-Paul. Le seigneur de Caylus, chargé de l'exécution de l'édit, put seulement obtenir des réformés qu'ils iraient faire leur prêche à l'Ecole-Mage; mais leurs intimidations empêchèrent les catholiques de reprendre l'exercice du culte et il fallut, pour donner courage à ceux-ci, l'arrivée d'Henri de Montmorency-Damville, nouveau gouverneur du Languedoc. Il fit son entrée à Montpellier le 9 novembre 1563 et, reçu par toutes les autorités et une partie du clergé qui renouvelaient l'ancienne coutume des entrées, il fut aussitôt conduit à N.-D. des Tables. Tous les catholiques l'y suivirent, et, sous ses murs recouvrés, on chanta un *Te Deum* solennel. Le lendemain une grand'messe, célébrée dans la même église, devenait le signal du rétablissement du culte catholique dans notre ville. On abandonna à la nouvelle secte pour son prêche la *Cour du Bailli* et, le voyage de Charles IX confirmant, quelques mois après, ces bonnes dispositions, les années 1565 et 1566 se passèrent à Montpellier dans la paix la plus profonde.

CHAPITRE IX.

DE LA PREMIÈRE DESTRUCTION
DE L'ÉGLISE NOTRE-DAME ET DE SA RÉÉDIFICATION.

(1568-1608).

I.

ETTE paix fut encore troublée par les calvinistes et la violation en fut marquée par de nouveaux et odieux excès. A la suite de la tentative du prince de Condé pour surprendre à Meaux le roi et la cour (1567), et de la prise d'armes générale des protestants qui s'ensuivit, le fort Saint-Pierre devint une seconde fois l'asile des catholiques. Après un siége de quarante-huit jours, ceux-ci durent signer une convention qui, en sauvegardant les gens de guerre, livrait aux huguenots tous les citoyens de Montpellier réfugiés dans la forteresse. Les plus notables furent partagés entre les chefs des troupes pour fournir rançon, les richesses devinrent la proie des soldats et le menu peuple se rua sur l'église et le monastère, qui furent complètement et avidement pillés. Les quelques églises épargnées jusqu'alors dans l'intérieur de la ville furent détruites, entre autres celle de Saint-Firmin, la paroisse; N.-D. des Tables ne fut point sauvée. On mit en pièces la grosse cloche, respectée en 1563; on enfonça les voûtes de l'édifice, et les murailles ne furent conservées que sur les représentations de quelques-uns et à cause de l'horloge, nécessaire au service public.

A cette heure même mourait à Montferrand Guillaume Pélissier et à la faiblesse de son épiscopat succédait une vacance non moins déplorable. Pas plus que Gariel, en effet, nous ne saurions compter au nombre de nos évêques ce Pierre de la Rouille (ou de la Bouilhe, selon quelques-uns) qui ne parut jamais dans son Eglise, dont il se contenta de faire gérer le temporel par procureur. Ce n'est certes ni à ses efforts ni à sa persévérance qu'il faut attribuer le rétablissement du culte catholique, accompli à Montpellier en 1568. Par les soins de Joyeuse; qui rendit le pouvoir aux consuls catholiques de l'année précédente et nomma gouverneur le baron de Castelnau de Guers, la paix fut donnée pour quelque temps à notre ville, et le 24 mars 1569 elle revit, pour la première fois depuis les troubles, une procession générale, à la suite de la victoire de Jarnac.

Quelque endommagée qu'eût été l'église Notre-Dame, c'est encore celle qui fut trouvée la plus propre à une restauration, qui commença par le chœur dès 1568, et fut, trois ans après, complétée par la réparation des voûtes de la nef. Les pierres provenant de la démolition de Saint-Pierre, et les bois fournis par celle même de Notre-Dame y furent employés; et cette église, l'unique alors de Montpellier, reçut provisoirement avec le Chapitre de la cathédrale, le service paroissial de toute la ville. Le corps consulaire lui-même, reprenant ses vieilles traditions, contribua à cette restauration en faisant, le 8 décembre 1573, l'acquisition d'une grosse cloche pour Notre-Dame.

Il semblait donc que la ville pouvait respirer, et la Saint-Barthélemy, qui, grâce à la modération de Joyeuse, n'eut aucun écho en Languedoc, ne troubla pas cette tranquillité. L'arrivée d'Antoine Subjet, nommé évêque de Montpellier par Charles IX et qui, après transaction avec Pierre de la Rouille, fit son entrée dans la ville; la paix de Monsieur ou de Beaulieu (1576), qui donna lieu à un *Te Deum* chanté à Notre-Dame, semblaient aussi de bon augure. Néanmoins, toujours turbulents et portés aux excès, les huguenots contraignaient le Chapitre à se retirer de nouveau à Frontignan, d'où il protesta contre une profanation du Saint-Sacrement commise à Notre-Dame, et pourvut au service de cette église, ce qui prouve que le culte s'y célébrait toujours.

Il est vraiment digne de remarque que chaque édit de pacification pour le royaume est marqué à Montpellier par de nouvelles violences de la part des huguenots. Craignant que les catholiques ne se prévalussent du légitime droit de recouvrement de leurs églises, ces forcenés semblaient avoir pris l'habitude, aux premiers bruits de paix, de détruire ces édifices pour ne livrer que des ruines. Ainsi en arriva-t-il une fois de plus en 1581, à la suite de l'*Édit de Nérac*. Les autels de N.-D. des Tables furent de nouveau renversés; ses voûtes, récemment réparées, enfoncées derechef, et l'église mise hors d'état de servir. Mais la haine furieuse des démolisseurs ne s'arrêta pas là.

Dans la soirée du 1er février 1581, vers dix heures du soir, la grande Tour du côté du Consulat, jusqu'alors respectée, s'écroulait avec l'Aiguille qui la surmontait et couvrait de ses ruines l'intérieur du temple (dont elle entraîna les murs jusqu'aux arcs-boutants de la tour de l'Horloge), ainsi que la rue vis-à-vis la maison consulaire. De ce côté, les dégâts furent subis par la maison de l'Orgerie et celle du président Chefdebien, habitée par le sieur Jean Gallard, marchand, et sa famille, lesquels furent miraculeusement préservés. Mais les deux sentinelles du clocher furent tuées, ainsi qu'un orfèvre avec son serviteur et son apprenti, dont la boutique était, comme tant d'autres, attenante au temple. Cette démolition, accomplie au moyen de la sape, était l'œuvre de trois zélés calvinistes; quelques vers de l'époque nous en ont transmis les noms, en y associant l'espoir d'une reconstruction. Voici ces vers :

La Place, la Roche et la Tour
Ont fait démolir cette tour ;
La Tour, la Place et la Roche
Ont fait miner la tour pour en avoir la cloche;
La Roche, la Tour et la Place
Ont abattu la tour pour la remettre en place.

Ainsi donc, en vingt années d'efforts de l'hérésie et après des alternatives de restauration et de ruine, l'œuvre de destruction, rapidement accomplie pour les autres églises, était consommée aussi pour celle de N.-D. des Tables. Désormais de ces soixante-quatre ou soixante-cinq églises « qui ornoient Montpelier au temps de sa splendeur », comme s'exprime Gariel, le Chapitre cathédral, revenu en 1582, n'en pouvait trouver une seule pour célébrer ses offices, qu'il était contraint de faire à la maison de la Canourgue.

Mais sur les débris mêmes de ses autels renversés, Notre-Dame des Tables sut, à cette heure néfaste, faire éclater sa puissance et sa miséricorde tout ensemble par une de ces grâces signalées auxquelles la *Magestat antiqua* avait accoutumé nos aïeux. Nous voulons parler de la guérison d'un enfant sourd-muet, accomplie le 15 avril 1581, fait attesté par Gariel, confirmé par D'Aigrefeuille et Sainte-Marthe, et que nous allons rapporter.

Cet enfant, qu'on employait à la démolition de Notre-Dame, parvenu à l'âge de douze ans et depuis celui de deux privé de la parole, jouait avec quelques-uns de ses petits compagnons parmi les ruines « de la désolée eglise », lorsque, ayant aperçu une peinture de la Vierge encore conservée sur une muraille, il se prit à la contempler et se jeta à genoux tout pleurant, semblant ainsi l'invoquer à sa manière. Puis il se dirigea vers la chapelle de la Madeleine, et y continuait ses pleurs et sa prière, quand un des

démolisseurs de l'église, le surprenant en cet état,
le força brutalement de reprendre son travail.

Le soir venu, l'enfant avait l'habitude d'aller
prendre gîte à l'hospice. Or, ce jour-là le souvenir
des évènements qui l'avaient rempli pour lui, revint
fortement à sa mémoire, lorsqu'il se disposait à
goûter le repos de la nuit, et le combla d'une vive
joie. Et tandis que le pauvre muet formait le signe
de la croix pour commencer sa prière, il vit un
vieillard vêtu de blanc, à l'aspect vénérable, dans
lequel on a cru reconnaître l'apôtre saint Pierre. Le
mystérieux personnage, adressant quelques paroles
d'encouragement à l'enfant, qui s'étonna fort de les
entendre, toucha doucement ses lèvres au nom
de Notre-Dame des Tables et lui donna ainsi l'usage
de la parole.

Continuation des miséricordes du passé, défi à la
haine du présent, encouragement pour la piété de
l'avenir, c'est sous ce triple aspect que s'offre à
nous, comme sans doute aux hommes du xvie siècle,
cet important miracle qui signala la chute momentanée du sanctuaire. Nous disons momentanée, car
en effet, tombée la dernière et pièce par pièce sous
les coups des démolisseurs, Notre-Dame avait gardé
pourtant un débris de son ancien édifice (la tour de
de l'Horloge); c'est autour de ce débris, disons mieux,
de cette pierre d'attente que nous allons voir la noble
intrépidité d'un évêque digne de ces temps de
malheur rallier le zèle des catholiques pour la
reconstruction du temple de la Vierge.

II.

Cet évêque fut Guittard de Ratte. Né à Montpellier en 1552, il y avait été témoin dans son enfance des ravages de l'hérésie. Plus tard conseiller-clerc au parlement de Toulouse, il y avait soutenu les intérêts du roi contre la Ligue et aurait payé de sa tête sa fidélité, si son absence momentanée de cette ville pour les affaires de son prince ne lui eût sauvé la vie. Il fut condamné à mort par contumace, sa maison et ses livres furent pillés; mais la faveur de Henri IV, parvenu au trône sur ces entrefaites, le dédommagea de ces pertes et, s'accroissant avec de nouveaux services, le porta, en 1597, à l'évêché de Montpellier. Il était d'ailleurs appelé en même temps à ce poste par le vœu d'Antoine Subjet mourant, qui avait démissionné en sa faveur; et nul choix ne pouvait être plus heureux. On ne tarda pas à en admirer les effets.

L'*Édit de Nantes*, rendu par Henri IV en 1598, en pacifiant les longs troubles du royaume et accordant aux réformés le libre exercice de leur religion, rendait aussi aux catholiques la possession des églises usurpées sur eux. Dès l'enregistrement de cet édit, accompli en 1600 dans notre ville, trois députés choisis parmi les plus notables de la cité partirent pour Paris par les soins de Guittard de Ratte, afin de réclamer du roi le recouvrement des ruines et de l'emplacement de Notre-Dame. Les protestants, pour ne céder point cette église, s'appuyaient sur les déclarations arrachées par la peur aux chanoines en 1561 et 1563. Cette députation au roi eut pour résultat l'envoi de deux commissaires, un de chaque religion, auxquels s'adjoignit le duc de Ventadour, gouverneur du Languedoc, et dont la décision fut favorable aux catholiques. Il s'agissait dès lors de la faire exécuter.

Le 28 décembre 1600, à huit heures du matin, Guittard, accompagné de son clergé et de quelques gentilshommes, se rendit avec les commissaires devant la grande porte de l'église. Comme elle était obstruée par la construction d'un ravelin ou corps de garde, élevé par les calvinistes, ordre fut donné à des ouvriers d'en commencer la démolition. Mais à peine le premier maçon chargé de ce soin parut-il au haut de l'échelle qu'il fut assailli par une grêle de pierres.

Vainement le duc de Ventadour voulut réclamer l'exécution des ordres du roi. Courant à la cloche de la ville, les rebelles s'empressèrent de sonner le tocsin et, instantanément renforcés par plus de 1500 des leurs, opposèrent une résistance devant laquelle Ventadour et les chanoines se retirèrent. Mais l'évêque, animé d'une merveilleuse intrépidité, refusa constamment de suivre leur exemple et, couvert du seul signe de la croix, brava pendant cinq heures la rage de ces forcenés. On raconte qu'un instant il se retourna vers les fidèles et nobles gentils-hommes restés près de lui et que, de cette voix ferme qui lui était habituelle, il leur adressa une courte et vive exhortation, terminée par ces paroles sublimes: « *Messieurs, s'il faut mourir ici, ce ne saurait être pour plus juste cause.* » Comme il achevait ces mots et qu'au nom de tous le baron de Castries l'assurait de leur dévouement, un des séditieux s'approcha de l'évêque, et allait lui asséner sur la tête un violent coup de masse qui fut détourné par la main même d'un capitaine protestant. Guittard de Ratte ne cessa depuis d'attribuer la préservation de sa vie à la manifeste protection de la Vierge, pour le sanctuaire de laquelle il avait si vaillamment combattu les combats du Seigneur.

Le tumulte dura jusqu'à une heure de l'après-midi, et il ne fallut pas moins de toutes les sollicitations des consuls pour calmer la populace. Informé de cette scène séditieuse où ses ordres avaient été transgressés par la complicité des magistrats de la ville, et un de ses plus fidèles serviteurs exposé à la furie d'un peuple révolté, Henri IV ordonna aux consuls, sous peine d'en répondre en leur nom privé, de faire restituer aux catholiques toutes les églises et spécialement le clocher et les ruines de N.-D. des Tables. Matés par le roi, qui réduisit leur autorité, ils durent s'exécuter et faire eux-mêmes démolir le ravelin, sujet de la contestation.

Le déblaiement fut effectué sur-le-champ, et il mit à découvert la chapelle souterraine de Sainte-Madeleine, fort ancienne et parfaitement conservée parmi tant de ruines. Un autel y fut décoré aussitôt et l'évêque y célébra, le 27ᵉ jour de mars 1601, quatrième dimanche de carême, le saint-sacrifice et une ordination, où le pieux historien de Notre-Dame, Gariel, reçut les quatre ordres mineurs. Ainsi Guittard de Ratte eut-il avant sa mort, arrivée cette même année à Toulouse, la joie de voir commencée la restauration d'un édifice qu'il avait revendiqué avec une si noble énergie.

Son œuvre fut poursuivie par Jean Garnier, son successeur. Sous ses yeux acte fut passé avec Jean Despeisses, entrepreneur, pour le bail des ouvrages de maçonnerie à exécuter. Aux termes de ce contrat, la dépense évaluée à 21,200 livres, plus à la valeur des matériaux estimés 4,500 livres, devait être supportée deux tiers par le Chapitre cathédral, un tiers par les catholiques de Montpellier. Il résulte encore de cet acte que l'édifice était complètement ruiné, sauf la tour de l'Horloge, menacée par son isolement de s'écrouler (1), et que la nouvelle église devait reproduire les proportions et à peu près les détails de l'ancienne, sauf toutefois l'Aiguille dont il n'est plus question. L'œuvre des maçons terminée, il fallut celle des divers ouvriers chargés de la compléter. Enfin l'on dut pourvoir à l'ornementation de l'église, et l'évêque, qui refusait d'y contribuer, fut condamné, par arrêt du parlement de Toulouse (1607),

_____

(1) On avait dû y exécuter en 1595 des travaux de soutènement assez importants à la suite de fortes pluies.

à verser à cet effet 2000 livres et à fournir les ornements d'une chapelle complète. La même année il
achevait son court épiscopat et « *toujours agité durant*
» *sa vie, il allait dormir le sommeil suprême dans ce*
» *temple rendu par ses soins à la Vierge* » (termes de
son épitaphe).

Il ne put donc en voir l'inauguration qui s'accom-
plit le 14 août de l'année 1608, malgré l'absence du
nouvel évêque, Pierre de Fenouillet, qui ne fit son
entrée dans la ville qu'en décembre suivant. Les
chanoines partirent processionnellement, avec le
clergé et de nombreux catholiques, de la maison de
la Canourgue, et allèrent chanter les premières
vêpres solennelles de l'Assomption à Notre-Dame.
Cette église était, disons-le, destinée à devenir le
siége du Chapitre, en attendant la reconstruction
de la Cathédrale; à ce titre le bonnet de docteur y
fut conféré à deux religieux après une controverse
heureusement soutenue avec les réformés.

Elle réunissait en même temps tous les services
de la ville et en particulier celui de la paroisse,
qu'à peine sortis de ces trente années de troubles
religieux qui ensanglantèrent la fin du xvie siècle et
furent marqués dans notre cité par des excès si
odieux, les catholiques de Montpellier s'étaient
aussitôt préoccupés de rétablir. Nous avons déjà mentionné la destruction de Saint-Firmin en 1568 ; nul
doute qu'on n'eût pu le relever avec les ressources
consacrées à la reconstruction de Notre-Dame, et nous
aimons à mettre en lumière un fait significatif à nos

yeux, puisqu'il témoigne de la préférence accordée par la population au sanctuaire de la Vierge sur l'ancienne paroisse. Les avis furent unanimes à cet endroit, comme en témoignent les délibérations prises par les autorités de la ville : consuls, gouverneur, conseillers à la Cour, pour la réédification de l'église N.-D. des Tables, ainsi désignée comme paroisse par la voix du peuple plus d'un demi-siècle avant l'érection canonique qui n'eut, ce semble, qu'à confirmer ce jugement.

CHAPITRE X.

DE LA DEUXIÈME DESTRUCTION
E L'ÉGLISE NOTRE-DAME ET DE SA RÉÉDIFICATION.

(1621-1654).

I.

REIZE ans s'étaient à peine écoulés depuis la dernière inauguration de l'église, lorsque l'audace des réformés, se montrant de ouveau grâce à la faiblesse du gouvernement royal, râce surtout à l'appui du prince de Condé et des eigneurs mécontents ou avides, amena une prise 'armes générale. Comme beaucoup d'autres villes u midi, Montpellier fut le théâtre de scènes de iolence et d'impiété, renouvelées des époques pré-édentes. Une sorte de gouvernement populaire et ndépendant de l'autorité royale s'y étant formé sous e nom de *Cercle*, prit à l'égard des catholiques les nesures les plus arbitraires. Nous n'insisterons pas onguement sur des détails qui se ressemblent tous; a crise fut d'ailleurs aussi courte que violente. Il aut voir cependant jusqu'où alla l'audace insolente es huguenots dans une ordonnance rendue par le

Cercle à la date du 20 novembre 1621. Elle enjoint aux « *papistes* » de cesser tous leurs offices à la première réquisition qui leur en sera faite. Cette illégale formalité fut accomplie à l'égard du clergé de Notre-Dame par ministère de l'huissier Sauvecane dès le 3 décembre ; et le lendemain, à la pointe du jour, une troupe de soldats et de peuple se saisit des portes de l'église, rapporte Delort, et en défendit l'abord aux catholiques.

« Le 16ᵉ du même mois, continuent ses Mémoires, » ces furieux infernaux s'estant attroupés par pelo-» tons, s'encoururent à l'eglize de N.-D. des » Tables dont ils enfoncèrent les portes, exerçant » leur fureur sur toutes les choses les plus sainctes, » n'espargnant ny autels, ny reliques, ny images » qu'ils mirent en pieces. Ils emportèrent les orgues, » pillèrent et desrobèrent les ornements eccle-» siastiques, les croix, les calices et generalement » toute l'argenterie qui estoit très considerable. Tout » cela feut de bon usage pour eux, en criant : Harlan! » Harlan! et après l'avoir pillée et desmolie en » partie »,.... ils détruisirent en une nuit vingt-deux autres églises. La maison capitulaire *(Canourgue)*, qui eut le même sort, nous intéresse particulière-ment, parce qu'elle renfermait tout au moins le *Livre des miracles* dont la perte laisse une irréparable lacune dans l'histoire de Notre-Dame des Tables.

Les derniers excès que nous venons de rapporter avaient été précédés de circonstances peu con-nues en général et que nous croyons d'autant plus intéressantes à mentionner. Le parti fanatique qui, sous le nom de Catherinots, faisait peser sur Montpellier avec une illégale domination, une terreur véritable, avait publié, à la date du 15 décembre, une nouvelle ordonnance portant expressément « qu'il sera procédé promptement à la démolition de » toutes les églises, couvents, clochers et autres » bâtiments, tant ecclésiastiques qu'autres, soit dans » la ville ou à la campagne, pouvant servir de » retraite, logement ou forteresse à nos ennemis » (les catholiques). »

Les huguenots se préparèrent à l'exécution de cette mesure par un jeûne solennel observé le 16 ; et, au chant du psaume 79e *Deus venerunt gentes,* dès la nuit du 16 au 17, ils commencèrent à se saisir des églises et à y transporter les outils qui devaient servir à la démolition, afin de commencer avec le jour leur œuvre inique. Telle fut la violence de leur haine et la rapidité avec laquelle ils procédèrent, tel aussi devait être le nombre des destructeurs, que vingt-quatre heures après il n'y avait plus debout ni église ni chapelle à Montpellier. Comme nous venons de le dire, épargnée une fois de plus et pour les mêmes motifs dans cette générale ruine, la tour de l'Horloge subsista pour le service public.

II.

TANT d'excès reçurent une répression dont les détails sortent de notre cadre : le siége et la prise de Montpellier par Louis XIII appartiennent à l'histoire de la ville et même du royaume. Contentons-nous de relever un détail particulier à celle du culte de Notre-Dame. Les matériaux provenant de la démolition des églises avaient été employés par les rebelles aux travaux de fortification. Quand le roi reçut à merci ses sujets révoltés, la démolition de ces remparts ayant été stipulée comme condition essentielle, ceux mêmes qui les avaient élevés furent contraints de les abattre, et le firent sinon de bonne grâce, du moins de leur propre mouvement.

Quant aux catholiques, ils gardaient toujours l'espoir de reconstruire leur église de prédilection. En 1629, Richelieu, de passage dans notre ville, approuvait implicitement ce projet. En 1632, les consuls, qui voulaient recouvrer le local de la Loge occupé par le Chapitre et la paroisse, s'adressèrent au parlement de Toulouse ; et un arrêt de cette cour, en date du 15 décembre de ladite année, stipula que l'église Notre-Dame serait réédifiée aux frais et dépens du Chapitre et des fidèles, selon les proportions observées en pareille occasion en 1601, c'est-à-dire deux tiers et un tiers. Pour l'exécution de cet arrêt, un accord intervint, le 12 février 1633, entre les consuls et le Chapitre représenté par cinq commissaires, au nombre desquels était Gariel. Il reçut l'approbation de l'évêque, Mgr. de Fenouillet. Mais le Chapitre, se croyant lésé dans les conventions stipulées par ses mandataires, refusa de les remplir, trouvant sans doute sa part trop lourde ; aussi se pourvut-il contre les arrêts rendus à cet effet. Afin de poursuivre la réalisation d'une œuvre à laquelle ils tenaient, les consuls obtinrent, en 1650, un nouvel arrêt qui, en chassant de la Loge la paroisse et en en faisant transférer le service aux Pénitents-Blancs, obligeait à la reconstruction. Ils firent mieux et résolurent d'exécuter leur part de travaux, en ordonnant le déblaiement des ruines, ouvrage qui leur incombait. La manière dont ce déblaiement fut opéré, mérite d'être rapportée selon les détails fournis par des Mémoires contemporains auxquels nous laissons la parole (1) :

« Le brave et pieux M. de La Forest, qui avoit
» beaucoup de devotion à la saincte Vierge, prit
» resolution d'entreprendre à faire rebastir l'eglize
» N.-D. des Tables ; ce ne feut pas toutesfois sans
» peine ni sans combattre fortement contre ceux qui
» pour cet effect, devoient mettre la main à la bourse;
» mais comme son zele ne lui permettoit pas de se
» rebuter d'autant qu'il ne tendoit qu'à la gloire de
» Dieu et à l'honneur de sa saincte Mere, il ne laissa

(1) Le seigneur de la Forest-Toyras était alors sénéchal, et François de Montlaur, baron de Murles, premier consul.

» pas de continuer ses poursuites envers les uns et
» les autres, si bien qu'après beaucoup de soin et de
» peine, après mesme avoir essuyé de grands rebuts,
» il en vint à bout, ce qu'il obtint sans doute de
» Dieu par l'intercession de la saincte Vierge, à
» laquelle il adressoit souvent ses prieres pour qu'il
» luy pust faire reussir son entreprise. Ayant donc
» retiré parole de tous il s'avisa pour espargner des
» fraix assez considerables à la ville, de faire assembler
» les vignerons pour leur faire abattre une montagne
» de terre tant des ruines de l'eglize que de celles
» que les habitants y avoient faictes porter. Il leur
» proposa donc qu'il falloit, pour le soulagement de
» la ville qu'après avoir faict leur journée, s'estre un
» peu reposés et loués pour le lendemain, ils don-
» nassent par sizains quelques heures un jour l'un et
» un jour l'autre pour remuer la terre afin qu'elle pust
» estre emportée avec plus de facilité et de diligence,
» qu'il croyoit bien que ce travail ne leur seroit
» pas desagréable, d'autant qu'ils seroient bien aises
» de faire voir aux huguenots que les bons catholi-
» ques n'avoient pas moins de force et de ferveur à
» faire reedifier ceste eglize dediée à la Mere de Dieu
» que les heretiques en avoient eu pour la destruire,
» et qu'ils devoient croire que travaillant à ceste
» intention, elle ne manqueroit pas par ses prieres
» envers son fils Nostre Seigneur Jesus Christ de les
» faire recompensef de leur travail. Cet illustre
» catholique les sçeut si bien persuader que tous una-
» nimement luy respondirent qu'il n'avoit qu'à

» donner ordre d'avoir des tombereaux et des
» femmes, et lorsque toutes choses seroient prestes
» de les faire avertir, et qu'il verroit bientost les
» effects de leur diligence. Cet homme illustre pria
» encore generalement les bons catholiques qui
» pouvoient fournir des servantes de les envoyer
» pour mettre la terre dans les tombereaux ; ce qui
» feut faict selon son desir.....

» En mesme temps noble François de Montlaur,
» seigneur et baron de Murles, devot zelateur de la
» Vierge, feut le premier, pour animer les uns et les
» autres, à prendre un panier plein de terre et à le
» verser dans un tombereau en leur criant à haute
» voix : Courage, mes enfans, courage, travaillons
» tous. Quelques messieurs de la ville, gens pieux
» et de consideration, à la veüe de cet exemple,
» poussés d'emulation, firent plus de besogne que
» toutes les filles qu'ils y faisoient venir de leurs
» maisons ; mais ce qui pareut admirable, ce feut
» que les premiers en attirerent d'autres, si bien que
» tous les jours ils s'y trouverent en nombre consi-
» derable, ce qui dura jusqu'à la fin, à la confusion
» de nos religionnaires, lesquels y croyoient voir une
» place au lieu d'une eglize.

» De sorte que la diligence feut si grande que ce
» qui auroit duré plus de trois mois feut emporté dans
» les 36 jours, et ce feut pour lors que l'on des-
» couvrit la chapelle souterraine de la Magdeleine
» dans son entier, mais si bien qu'il sembloit qu'elle
» venoit d'estre bastie à nouveau. »

Cette chapelle vit, le 25 mars 1650, se renouveler la cérémonie de 1601. Une messe solennelle y fut célébrée au milieu d'un immense concours, et avec les marques de la plus vive réjouissance.

L'œuvre était dès lors trop bien commencée pour ne pas se poursuivre rapidement. Nonobstant l'appel des chanoines devant le parlement de Toulouse, les consuls procédèrent à l'adjudication des travaux dès le 4 mai et pour le prix de 49,000 livres. La pose de la première pierre eut lieu avec solennité quelques jours après, et les chanoines, qui s'étaient tenus à l'écart lors de l'adjudication, consentirent néanmoins à assister à la cérémonie. Mais ils restaient toujours inflexibles sur la question de la dépense à supporter. Si nous suivons d'aussi près la longue procédure soutenue par eux dans le but de s'en affranchir, c'est uniquement pour constater que la population, représentée par ses magistrats, se portait avec ardeur à une reconstruction retardée seulement par l'intérêt personnel de quelques particuliers. Qu'on en juge plutôt :

— Le 30 août 1650, arrêt du parlement de Toulouse condamnant les chanoines à payer les deux tiers de la reconstruction.

— En 1651, les consuls obtiennent l'évacuation effective de la Loge par la paroisse, dans le but de forcer le Chapitre à s'exécuter.

— En 1652, arrêt du parlement de Grenoble, devant lequel les chanoines avaient appelé, confirmatif de ceux de Toulouse.

— En 1654 enfin, par les soins de M. de Toyras, transaction amiable entre les deux parties, stipulant le payement par moitié. Que de difficultés de la part du Chapitre, que d'efforts du côté de la ville, mais surtout que de persévérance du zélé sénéchal !

Aussi en reçut-il une bien grande récompense par le miracle dont il fut l'objet. Bien qu'il soit généralement très connu, rappelons ici ce fait. Le 10 septembre 1654, messire Simon de Saint-Bonnet-Toyras, âgé alors de 76 ans, et s'occupant, selon son habitude, à surveiller les travaux de reconstruction de l'église Notre-Dame, était monté sur un échafaud destiné à soutenir les arcs de la voûte, lorsqu'une pierre, que les ouvriers allaient poser à la clef même de cette voûte, leur échappa, et pesant sur l'échafaud le rompit. Précipité sur le sol parmi tant de ruines, le sénéchal se releva sans blessures, « à peine meurtri, rapporte Gariel, et capable d'aller » à sa maison et dans une eglise pour remercier son » Liberateur ».

Attribuant avec raison à la Sainte-Vierge sa miraculeuse préservation, le pieux seigneur fonda dans son église une chapelle dont nous parlerons plus tard, et y fit placer une inscription commémorative que nous rapporterons également.

Revenons aux travaux : ils furent terminés en 1655, et la solennelle bénédiction de l'édifice eut lieu le dimanche des Rameaux, 24 mars de cette même année. Elle eut un caractère officiel et populaire tout ensemble qui montre bien à quel point la dévotion à Notre-Dame des Tables restait toujours chère à la ville.

« Messieurs les deputés des Compagnies, rapporte Delort, M. de La Forest Thoyras, nostre seneschal, et Messieurs nos Consuls en robes rouges y assisterent avec un si grand concours de peuple de tout sexe et de toute condition qu'à peine pouvoit-on y demeurer. Les sizains qui environnerent l'eglize par le dehors, firent leur salut et leur decharge au tems de l'elevation du Tres-Saint-Sacrement, de mesme que l'artillerie de la citadelle et les messes y furent celebrées jusques à midy. »

CHAPITRE XI.

I.

LA phase où nous entrons désormais, loin de marquer, il faut le reconnaître, bien qu'avec peine, la splendeur de l'âge qui la précéda, ne nous en offre guère que des débris, quelque importants qu'ils puissent être d'ailleurs. L'ambition des plus zélés ne va plus qu'à faire revivre un passé qu'elle ne saurait même atteindre ; et celle de l'historien se borne, en revenant sur les antiques usages qu'il était si heureux de révéler, à signaler ceux d'entre eux qui résistèrent au rude choc de l'hérésie.

C'est tout d'abord cependant une consolation pour nous que de voir, dès le rétablissement de la paix à Montpellier, celui des armes, qui avaient disparu aux jours néfastes de l'erreur. Il fut accompli sur l'initiative de Gariel ; qui, par ses instances auprès de l'évêque, Mgr. de Fenouillet, et du marquis de Fossez, gouverneur de la ville et de la citadelle, réussit, dans un conseil général des habitants, à faire constater sur le grand sceau d'argent, égaré à dessein pendant les troubles par les calvinistes, la représentation de la Vierge, telle que nous l'avons jadis décrite. Le 8 décembre 1627, fête de l'Immaculée-Conception, à la suite d'une procession générale, la sainte effigie fut rétablie dans les armes, et une inscription commémorative de cet acte fut placée sur une porte intérieure de la cour de l'hôtel-de-ville. La voici, telle qu'elle fut composée par noble Jean Romieu, sieur d'Usclas, docteur et fameux avocat de la ville, assure Delort :

ANTIQUA URBIS MONSPELIENSIS INSIGNIA
DISCERPTA MALIGNITATE SÆCULI
E QUIBUS SOLO ORBE RETENTO
SACRA CHRISTI ET EJUS MATRIS IMAGO
SUBLATA FUERAT ; TANDEM CURANTE
POTENTE VIRO DOMINO MARCHIONE DE FOSSEZ,
URBIS ET ARCIS GUBERNATORE,
COMMUNI CIVITATIS ORDINUM CONSENSU,
OCTAVA DIE MENSIS DECEMBRIS, ANNO 1627,
DICATA IN HONOREM CONCEPTIONIS BEATÆ MARIÆ VIRGINIS,
IN INTEGRUM RESTITUTA SUNT.

« *Les anciennes armes de la ville de Montpellier ayant été changées par la malice de l'impiété, qui en avait effacé l'image du Christ et de sa Mère, pour n'y laisser que le rond* (tourteau de gueules), *ont été réintégrées par les soins de puissant seigneur le marquis de Fossez, gouverneur de la ville et de la citadelle, avec le commun consentement des divers ordres de la cité, le huitième jour de décembre de l'an 1627, fête de l'Immaculée-Conception de la bienheureuse Vierge Marie.* »

La réunion des États de Languedoc à Montpellier au XVIIe siècle et au XVIIIe, par les cérémonies religieuses qui l'accompagnaient, venait joindre l'hommage de la province à celui de la ville à l'égard de Notre-Dame des Tables. Ces souvenirs, comme les plus récents, sont aussi restés les plus vivaces dans les mémoires, auxquelles une tradition peu éloignée de nous a pu les transmettre. Nous n'insisterons donc pas autant sur ce sujet. Rappelons cependant que la messe du Saint-Esprit ou d'ouverture se célébrait à Notre-Dame, où les divers ordres avaient leurs places respectives, et qu'elle était suivie d'une solennelle procession. Une cérémonie analogue (procession et salut solennel) clôturait la session, au cours de laquelle les membres des États se rendaient fréquemment, isolément alors, dans le même sanctuaire, pour attirer sur leurs travaux les inspirations et les secours du ciel. A cet effet une galerie couverte réunissait l'église et le Consulat, lieu d'assemblée des Etats. Les libéralités de ces mêmes États envers Notre-Dame sont d'ailleurs une nouvelle preuve de leur dévotion ; elles étaient annuelles : fixées à 1000 livres de 1672 à 1749, elles furent réduites de moitié à partir de 1752.

Pour la ville de Montpellier, le 31 août est resté jour chômé, sans que néanmoins il soit plus question de véjolades, ni de ces cérémonies si chères aux hommes du moyen-âge. Les réjouissances publiques ont changé de caractère et l'on sent, sous le cortège mythologique qui les accompagne, je ne sais quoi de fadement officiel, bien loin de l'élan populaire du XIVᵉ siècle. Néanmoins quelques traditions se conservent : en 1656, les Trésoriers-de-France, revenus de Pézenas, vont en corps entendre la messe à Notre-Dame; en 1660, Louis XIV y fait son entrée et son aumônier apporte au curé le montant du droit de couchée; en 1683, le service de la reine Marie-Thérèse y est célébré avec pompe.

Le seul privilége qui pour l'église Notre-Dame ait grandi, est fondé sur des ruines mêmes : nous voulons parler de son érection canonique en paroisse, due à la destruction de Saint-Firmin. Mais, comme il s'écarte de l'histoire du sanctuaire proprement dit, à laquelle nous nous sommes borné, nous avons peu à nous en occuper. Erigée en 1658 par Mgr. de Bosquet en paroisse unique, cette église hérita de tous les droits de celle de Saint-Firmin; et, sept ans plus tard, la création de trois nouvelles paroisses : Saint-Pierre et Sainte-Anne pour la ville, Saint-Denis pour les faubourgs, en restreignant sa circonscription territoriale, n'amoindrit en rien ses privilèges. La défense en donna lieu plusieurs fois à des procès terminés par des arrêts qui les confirmèrent.

Comme conséquence de cette situation nouvelle, nous voyons l'église Notre-Dame affectée, en 1682, à des conférences destinées à ramener les protestants; en 1686, une première communion des enfants convertis de cette secte s'y célèbre avec solennité. Est-ce vers cette date aussi que nous devons placer l'institution d'une *Oraison de 40 heures pour le retour à la foi de nos frères séparés,* qui se célébrait le dimanche et les deux jours suivants, après le 29 septembre, fête de saint Michel ?

A la suite de l'achèvement des constructions et embellissements, le 14 mai 1684, eut lieu, sous Mgr. Charles de Pradel, la consécration de l'édifice. L'anniversaire en fut célébré jusqu'à la Révolution et le souvenir de cette cérémonie, consigné sur une plaque de marbre fixée à un pilier, nous est parvenu sous une forme plus durable : nous voulons parler de l'office particulier de Notre–Dame des Tables, qui fut composé vers la fin du XVIIIe siècle et dans les circonstances suivantes.

Une réforme générale des *Propres diocésains,* accomplie en France sous l'influence du Jansénisme, devait trouver à Montpellier un accueil favorable auprès de l'évêque Colbert de Croissy, un des plus violents partisans de cette secte dangereuse. Elle eut lieu en effet sous son épiscopat, et nous ne saurions à quelle autre cause attribuer la complète disparition des anciens bréviaires qu'au désir de voir les nouveaux adoptés par tout le monde. En nous restreignant à notre sujet, remarquons dans le *Propre diocésain* (nouvelle édition, 1763) qu'une partie de l'office des Miracles du 31 août est celui de l'ordinaire de la Vierge ; tels sont tout le premier nocturne, les psaumes du deuxième et du troisième, l'office de Laudes, sauf un verset et l'antienne du *Benedictus*, les petites Heures et les Complies. Les leçons du deuxième nocturne sont tirées de Gariel et de D'Aigrefeuille, et résument l'histoire de Notre-Dame et ses miracles. Celles du troisième nocturne sur le texte : *Loquente Jesu ad turbas* (Luc II, 27), sont tirées d'une homélie de saint Bernard. Quant à l'hymne des vêpres : *Festæ dum redeunt*, elle fut composée par Pierre-Fulcrand de Rosset, conseiller à la Cour des Aides et auteur du poème de l'*Agriculture*. La messe à l'ordinaire de la Vierge, avec l'antique oraison, conservée par Gariel.

Mais cet office, général pour le diocèse de Montpellier, ne suffisait point à la spéciale dévotion de la ville et de la paroisse. C'est ce que déclare, en 1772, M. Castan, curé de Notre-Dame, qui eut la pieuse pensée d'y suppléer par la composition d'un *Office paroissial* approuvé par l'évêque, Mgr. de Durfort. Voulant y rappeler à la fois l'histoire du monument et celle des miracles, on fit des Matines un véritable office de dédicace; signalons dans cette partie l'hymne spéciale : *Templo quæ populi*, au lieu de l'hymne ordinaire, et le remplacement (commandé par celui de l'évangile de la messe) de l'homélie de saint Bernard sur le texte : *Loquente Jesu ad turbas*, par celle du même Père sur les paroles : *Nuptiæ factæ sunt* (Joh. II, 1). Quant aux Laudes et aux petites Heures, elles furent consacrées aux miracles. Distinguons-y l'hymne au début remarquable : *Victum conde caput*. Ces deux hymnes nouvelles étaient dues, comme celle du *Propre diocésain*, à de Rosset.

Sa piété et son talent furent encore mis à contribution pour la prose : *O Virgo quæ sublimior* de la messe entièrement particulière à Notre-Dame des Tables, où se retrouvait, dans le choix de l'introït *Suscepimus* et une partie de la préface, le souvenir du monument matériel et de sa dédicace ; dans tout le reste , celui des miracles et bienfaits de la Majesté antique. Tout en rendant justice aux excellentes et même rationnelles intentions du curé Castan , et aux sacrifices qu'il s'imposa (3000 livres) pour l'impression de ce travail et la gravure des planches, il faut bien néanmoins reconnaître la justesse de l'observation faite par la Cour romaine sur le manque d'unité de l'office. Quoi qu'il en soit au surplus, nous n'avons relevé ces détails liturgiques que pour montrer quelle importance gardait encore, au point de vue religieux, dans la période qui nous occupe, une fête que le moyen-âge avait entourée de toutes ses splendeurs.

II.

Si le culte de Notre-Dame des Tables régnait encore sur les institutions de la cité et du diocèse, il se traduisait aussi par les efforts de ses dévots pour embellir le nouveau temple que le XVIIe siècle avait érigé en l'honneur de la Vierge bénie. Désormais, il est vrai, la tutelle temporelle de l'église , un peu abandonnée par la ville , est exercée surtout par les *ouvriers* (toujours au nombre de trois et à vie) et les *marguilliers* (au nombre de deux et nommés annuellement). Mais ceux-ci ne le cèdent point en zèle aux anciens consuls, et leur persévérance à s'occuper de la décoration de l'édifice mérite à deux d'entre eux d'être réélus plus de vingt années consécutives : c'est Delort, l'auteur des *Mémoires* plusieurs fois cités ; c'est le conseiller de Massilian, membre d'une famille dont, à partir de cette époque, le nom se trouve traditionnellement mêlé à l'histoire de Notre-Dame des Tables. Chaque année presque est marquée par quelque nouvel embellissement : en 1670, le rétable ; en 1671, le chœur et ses balustres ; en 1673, le tabernacle ; en 1674, la tribune des orgues ; en 1675, la chaire ; en 1676, les orgues. Quel fut donc, au point de vue de l'édifice, le résultat de ce zèle ?

Quelque pieux respect qui s'attache pour nous aux moindres détails d'un culte qui nous est si cher, nous ne sommes point de l'avis des enthousiastes quand même ; et, en commençant cette rapide description de l'église reconstruite après les guerres de religion, nous devons tout d'abord avouer l'étroitesse de ses dimensions (48 mètres environ de longueur sur 32 mètres de largeur), l'irrégularité de sa construction et, disons-le enfin, l'aspect peu séduisant de l'édifice à l'extérieur. Il suffit pour s'en convaincre de jeter les yeux sur les planches publiées par M. Castan, en 1772.

La façade principale et la tour de l'Horloge, on

se le rappelle, avaient été constamment respectées dans les démolitions successives. Nous en avons déjà décrit les diverses parties à la page 98. Les murs latéraux étaient percés d'une rangée de fenêtres à double étage et d'une porte. Celle du côté sud était pratiquée dans la grande Tour, de forme massive, à double étage aussi, qui primitivement dépassait à peine la voûte de l'église et fut surmontée, vers 1730, d'un malencontreux supplément, dont le peu de solidité força de renoncer au service de cloches qu'on avait projeté d'y établir. L'exhaussement de cette tour fut dû probablement au désir de l'élever au-dessus de la toiture, assez basse d'ailleurs, de l'édifice. Celle-ci, pavée en dalles, était entourée d'une balustrade ou galerie, assez légèrement construite pour qu'en 1673, en un jour de réjouissance publique, elle s'écroulât sous la foule qui s'y pressait, et causât nombre de graves accidents. Ainsi, on le voit, des échantillons d'au moins quatre styles divers, si toutefois on peut accorder que la construction du xviie siècle appartînt à un style quelconque, voilà ce qu'offre l'édifice à l'extérieur.

A l'intérieur, ce qui frappe dans l'ensemble, c'est le peu d'élévation de la voûte, le peu de largeur de la nef, diminuée par les chapelles et les tribunes circulaires, le manque complet de goût qui avait laissé *badigeonner* les murs. Dans les détails, remarquons le rétable du maître-autel, en pierre de Perne, fort ouvragé, mais avec une sorte d'afféterie qui sent son époque, et le tabernacle en bois doré.

10

Le plus bel ornement du sanctuaire devait être sans contredit le grand et magnifique tableau de l'*Assomption*, peint par Ranc, dont M. de Toyras paya les deux tiers. Une triple enceinte, malgré l'exiguïté relative de l'édifice, séparait le clergé, les hommes et les fidèles; et la différence de niveau entre le chœur des hommes et la nef, augmentée par la pente naturelle du sol, expliquait l'existence de l'antique chapelle souterraine de Sainte-Madeleine sous le sanctuaire.

Les chapelles latérales étaient au nombre de dix : quatre dans le chœur, six dans la nef. En tête figure celle de la Sainte-Vierge ; elle était placée la première à gauche en entrant dans le sanctuaire, du côté de l'évangile. Concédée en 1659 à M. de Toyras, à la seule charge de la décorer, elle le fut par lui en bois ouvragé, peut-être doré, et se distinguait par un rétable orné d'une statue de la Vierge debout, tenant l'enfant Jésus, flanquée de figures d'anges et surmontée de celle du Père éternel. Il est à regretter que cette statue ne reproduisît en rien le type du moyen-âge. Mais il faut dire que la chapelle étant placée sous le vocable de *Notre-Dame de Bon-Secours : Auxilium Christianorum*, le modèle adopté s'y rapportait mieux. Pour perpétuer le souvenir du bienfait dont il avait été l'objet, M. de Toyras l'avait fait représenter sur un tableau votif, au-dessous duquel était placée la plaque en ardoise où se lisait, en lettres d'or, une inscription rappelant le fait miraculeux, suivie de ces distiques :

VIRGINI DEIPARÆ SERVATRICI
ISTAS DUM RENOVAT LAPSAS FORESTIUS ÆDES,
LAPSUM SERVASTI NEMPÈ, MARYA, TIBI.
HÆRETICO CREDAS ITERUM JACUISSE FURORI
UT SIC NOBILIUS SURGERET ISTUD OPUS.
AST SEMPER TECUM, UT PER TE SERVETUR OLIMPI
SEDIBUS, HAS SECUM NUNC TIBI, VIRGO, DICAT.
POSUIT ANNO SAL. M DC LXIII.

« *Tandis que De La Forest relevait à votre honneur ce temple renversé, vous l'avez, ô Marie, lui-même relevé dans sa chute.* »

« *On dirait que cet édifice n'a été deux fois détruit par la fureur de l'hérésie que pour paraître plus noble encore après sa reconstruction.* »

« *O Vierge, puisse n'être jamais séparé de Vous, afin que par Vous parvienne au séjour céleste celui qui, avec ces témoignages de sa piété, s'est lui-même donné à Vous.* »

Ajoutons que le pieux sénéchal avait élu sa sépulture dans cette chapelle, où il avait fondé un obit quotidien et où il fut inhumé, en 1669, avec les larmes et les regrets de tout le peuple, à défaut des honneurs que sa volonté expresse avait écartés de son convoi.

La chapelle de l'angle gauche, connue sous le nom de chapelle de la Miséricorde, rappelait l'origine et le séjour jusqu'en 1789 de cette œuvre dans l'église Notre-Dame. A celle qui lui faisait vis-à-vis se rattachait avec le souvenir d'un enfant de Notre-Dame des Tables, le glorieux saint Roch, celui du vœu de 1640, accompli dans cette même église, comme nous l'avons déjà dit. Malgré les plus minutieuses recherches dans les registres des décès, de

1658 à 1791, où nous espérions trouver spéciale mention des diverses chapelles au sujet des sépultures, nous n'avons pu découvrir le vocable des autres. Abritaient-elles, à leur tour, ces confréries que nous retrouvons mentionnées en 1684 et qui rappellent les corporations du moyen-âge : *maçons*, *jardiniers*, *brodeurs*, *cardeurs*, *cordonniers* ; et celles que la piété y avait formées sous le nom du *Saint-Sacrement*, des *Agonisants*, de la *Bonne Mort* ? Nous ne saurions le décider, n'ayant pu retrouver les détails de la fondation de ces confréries, qui, comme l'église elle-même, furent emportées par le torrent révolutionnaire.

III.

Un évènement extraordinaire, consigné dans les *Mémoires inédits* de M. P. Thomas, et cité par M. Vinas, sembla être le présage des scènes de destruction qui, à Montpellier comme dans toute la France, marquèrent la fin du xviiie siècle. Le 7 décembre 1789, veille de la fête de l'Immaculée-Conception, c'est-à-dire en une saison où cet accident pouvait paraître insolite, la foudre éclata à 7 heures du soir sur Notre-Dame. Elle frappa d'abord la tour de l'Horloge et traversant l'église, en dispersant et fondant les jeux de l'orgue, elle alla atteindre dans sa niche la statue même de la Vierge, dont elle cassa un bras ; puis elle sortit par le sanctuaire au-dessus du rétable. Au-dehors même de l'édifice, la foudre ren-

versa une sentinelle placée du côté de l'hôtel-de-
ville, et tua un chien devant la grande porte de
l'église, où il passait ses journées fidèlement couché
sur la tombe de son maître. Les souvenirs du temps
n'ont mentionné sur aucun autre point les dégâts
d'un orage qui parut s'abattre exclusivement sur le
saint édifice, et dont la violence fut telle que la seule
frayeur renversa dans une maison voisine, l'imprimerie Martel, un des employés.

Dix-huit mois ne s'étaient pas écoulés depuis cet
évènement que revenaient les plus mauvais jours
pour Notre-Dame des Tables. Comme au temps de
l'hérésie, la spoliation précéda la ruine. En vertu de
la constitution civile du clergé, le 14 mai 1791, un
intrus assermenté, Philippe-Nicolas Gauthier, remplaçait à Notre-Dame le vénéré curé M. Castan,
qui, selon l'heureuse expression de M. P. Thomas,
n'avait point voulu, par un serment réprouvé,
humilier sa vieillesse ni son sacerdoce. L'isolement se
fit aussitôt autour du curé constitutionnel et les fidèles,
ne connaissant d'autre pasteur que M. Théron,
institué, après la mort de M. Castan, par titre
secret de l'évêque, Mgr. de Malide, se groupèrent
autour de lui à deux reprises dans des oratoires,
à la place Brandille et à l'Aiguillerie. Ces détails
appartiennent à l'histoire de la paroisse, ainsi que la
noble fermeté du curé Castan, et nous n'avons
point à y insister.

Comme toujours, les richesses de l'église, très
considérables déjà, devinrent la proie de ses cupides

envahisseurs ; les cloches furent destinées à être fondues. Des excès, odieux même à ceux qui ont abdiqué tout sentiment religieux, furent commis dans les caveaux de Notre-Dame, et la cendre des morts se mêla aux ruines du temple. Livré en effet, le 1er décembre 1793, à la *Société populaire*, il fut aussitôt condamné à la destruction ; et, chose plus horrible encore, les matériaux en furent, sur la motion de l'administration et l'autorisation d'un commissaire de la Convention, Boisset, destinés à l'érection d'un temple à la Raison. Hâtons-nous d'ajouter que cette dernière insulte à des pierres sanctifiées par leur usage et la consécration qu'elles avaient reçue, leur fut épargnée par l'avortement du projet ci-dessus.

Mais telle fut, à l'égard de Notre-Dame, l'aveugle et impatiente haine des révolutionnaires que les travaux de démolition furent livrés sans adjudication et exécutés sans ordre administratif. Il y a plus : la tour de l'Horloge avait toujours été respectée à cause d'une utilité qu'on reconnaissait si bien, même en ces jours de délire, qu'un des projets dont nous parlerons tout à l'heure, tenait à la remplacer. Des réparations récentes venaient de prouver une fois de plus la sollicitude de l'administration pour ce service public. Elle tomba néanmoins la première sous le marteau destructeur, et les voûtes et le grand clocher furent également abattus.

Malgré la ruine de l'église Notre-Dame, les souvenirs et les habitudes de la population s'y portaient toujours. On raconte que les travailleurs de terre ayant gardé l'habitude de se réunir sur la place de la Loge le dimanche matin, comme jadis à l'issue de la grand'messe, on employa la force pour les disperser et l'on voulut les obliger à fixer au décadi ce vieil usage. Contraints un moment, ils cédèrent; mais dès qu'on cessa d'employer les moyens violents, ils revinrent à leur ancienne coutume.

Suspendue quelque temps, l'œuvre de la haine reprit en 1797. Pourquoi d'ailleurs s'attarder à de si tristes et honteux détails ? Au cours des quatre projets différents, multipliés encore par des soumissions diverses, qui furent présentés par la ville, le gouvernement ou des particuliers dans le but de remplacer par un monument public l'église Notre-Dame, les ruines s'amoncelèrent à trois reprises. Enfin un décret du Corps législatif en concéda les débris et l'emplacement à la ville (1806), et celle-ci y fit aussitôt élever ce disgracieux édifice connu sous le nom de *Halle aux Colonnes*.

L'église N.-D. des Tables avait définitivement succombé, après quatre constructions successives et mille ans d'occupation de ce sol consacré par ses murs au centre de Montpellier.

QUATRIÈME PÉRIODE

RESTAURATION DU CULTE AU XIXᵉ SIÈCLE.

CHAPITRE XII.

DE L'AFFECTATION
DE L'ANCIENNE COLLÉGIALE DES JÉSUITES
AU SERVICE PAROISSIAL DE NOTRE-DAME DES TABLES
ET DE LA RESTAURATION DU CULTE.

I.

Si l'histoire du vénéré sanctuaire de Notre-Dame des Tables s'achève avec le XVIIIᵉ siècle et les ruines qu'il entassa, celle de son culte, que nous avons reçu la mission de retracer, se poursuit dans le siècle présent et ceux qui le suivront, toujours belle et de plus en plus respectable à mesure que, s'éloignant de son origine, elle déroule de plus antiques fastes et des gloires plus nombreuses. Si solides en effet que nous paraissent les monuments de pierre ou de marbre, l'homme, qui les érige aux siècles de foi, les peut détruire aux jours d'impie délire; à son défaut d'ailleurs seul le temps ne les ronge-t-il point? Quelque frêle au contraire que nous semble le germe de dévotion déposé par Dieu dans les cœurs, il s'accroît et se perpétue à travers les âges. C'est particulièrement au culte de la Très Sainte Vierge Marie que sont dévolues ces promesses d'un vivace avenir: « *Ecce enim* EX HOC *beatam me dicent* OMNES GENERATIONES. »

Aussi pouvons-nous, au lendemain même des jours néfastes où, sous les ruines de son sanctuaire, l'impiété crut étouffer l'antique dévotion à Notre-Dame des Tables, en marquer la restauration continuée, accentuée tout le cours du siècle où nous vivons. C'est cette œuvre, poursuivie avec un zèle ardent et avec cette intelligence du passé toute particulière à notre temps, qu'il nous reste désormais à retracer.

Du commencement même de notre siècle date la première tentative pour rétablir à Montpellier le culte de Marie. Sur la demande réitérée de quelques paroissiens de N.-D. des Tables, qu'un premier refus ne sut décourager, le ministre de l'intérieur, Chaptal, que d'étroits liens attachaient à notre ville, enjoignit au préfet de l'Hérault l'ordre de mettre provisoirement à leur disposition l'église collégiale des Jésuites. Par arrêté préfectoral en date du 10 juin 1801, cet édifice fut cédé aux pétitionnaires pour le service paroissial et aux conditions marquées par le ministre. Cette situation temporaire fut régularisée, le 29 juillet 1803, par l'application du Concordat, qui reconstitua la paroisse Notre-Dame et lui assigna pour siége l'ancienne église des Jésuites.

C'eût été le moment pourtant de tenter une reconstruction. Elle aurait pu s'accomplir sans trop de difficultés, puisqu'une lettre du ministre de l'intérieur à celui des finances au sujet des décombres de Notre-Dame, en date du 16 germinal an X (6 avril 1802), déclare ces matériaux « *d'une grande valeur.* » Des contemporains l'ont affirmé aussi, ajoutant que 3,000 francs eussent suffi pour restaurer convenablement l'ancienne église. Cette assertion est-elle juste ? elle paraît en tout cas bien peu probable. Ce qui est certain, c'est que l'administration du moment se montrait peu favorable aux tendances religieuses : on s'en convaincra plus loin. Aussi la loi déjà citée vint-elle, en 1806, concéder à la ville l'emplacement de Notre-Dame.

Malgré cet acte même et la construction de la halle, l'espoir de relever les murs du sanctuaire ne fut pas complètement abandonné.

En 1814, profitant du passage à Montpellier du comte d'Artois, le curé et les membres du conseil de fabrique lui présentèrent une supplique rappelant le culte, les gloires et les bienfaits de Notre-Dame des Tables dans le passé, ainsi que les constructions diverses de son église et sa dernière démolition. Ce mémoire concluait en demandant la restitution à la paroisse du sol concédé à la ville ; et, forts sans doute des tendances favorables de la population, les signataires s'engageaient à ne grever en rien le trésor royal pour la reconstruction. Arrivèrent les Cent-Jours, la seconde Restauration et, au cours des graves évènements politiques qui se pressent dans ces quelques années, nous ne retrouvons plus trace de ce vœu. L'ordre de choses établi par le Concordat paraît avoir été accepté désormais, et le siége du culte de Notre–Dame des Tables avec celui de la paroisse est resté fixé dans l'ancienne collégiale des Jésuites.

Enregistrons cependant une protestation indivi-duelle contre cette situation faite par les circonstances. En 1857, des modifications ayant été proposées pour le Marché aux Colonnes, le vaillant curé de Notre-Dame, M. Vinas, ne put laisser échapper l'occasion de revendiquer en quelque sorte les droits de propriété de la *Majesté antique* sur un sol occupé mille ans par son temple. Il adressa au maire de Montpellier, M. Pagézy, une lettre exprimant le vœu que l'emplacement de l'ancienne église fût laissé vacant, dans l'espoir et l'attente d'une reconstruc-tion ; et que, dès le moment même, une chapelle commémorative y fût provisoirement élevée. L'ad-ministration allégua les dépenses nécessitées par les autres églises de la ville. Cette reconstruction, qui ne le sait ? restait toujours le rêve favori du digne curé. Deux ans après, en 1859, il y revenait dans son *Histoire de Notre-Dame des Tables*, et nul doute qu'il ne s'y fût adonné avec toute l'ardeur de son caractère, si les évènements l'avaient secondé. Mais il fut bien prouvé qu'il fallait renoncer à ce projet, si peu dans les mœurs de notre siècle ; et, en voyant M. Vinas attacher désormais tous ses soins à l'embellissement de la nouvelle église paroissiale, nous demeurons persuadé qu'il avait renoncé lui-même à poursuivre une impossibilité matérielle.

C'est vers cette époque en effet que commencent les travaux de réparation et d'embellissement continués avec tant de zèle par Monsieur le Curé actuel de Notre-Dame. Il n'entre pas dans notre cadre de les citer tous, et d'ailleurs on les lira bien mieux sur les murs du sanctuaire qu'en ces pages. Mais, comme historien, nous tenons à constater le caractère particulier qu'ils affectent : celui de rappeler divers détails d'ornementation des édifices précédents. C'est le rétable du maître-autel, placé en 1854 ; c'est le tableau de l'*Assomption* (peint par Perrin en 1805, sur la recommandation de Vien), qui en occupe le milieu et avait remplacé sur le mur du fond la toile de l'*Enfantement de la Vierge*, aujourd'hui transportée dans la chapelle de la Nativité ; c'est encore la belle réparation de la chapelle de la Sainte-Vierge, sur laquelle nous devons insister davantage, en raison de son importance.

On se souvient que l'église détruite à l'époque révolutionnaire renfermait une chapelle spéciale, dédiée par M. de Toyras à Notre-Dame de Bon-Secours, et ornée d'une statue de la Vierge debout avec l'enfant Jésus. Dès l'affectation de l'église des Jésuites au service paroissial de Notre-Dame, la première chapelle à gauche vers le chœur fut placée sous même vocable et reçut une statue de modèle analogue, qu'on peut voir aujourd'hui à la chapelle de Saint-François d'Assise, dite de la Persévérance, au faubourg de Lattes. Désireux d'embellir le sanctuaire particulier de la Vierge dans sa nouvelle église, M. Vinas y fit faire l'ornementation qu'on voit aujourd'hui, sauf la mosaïque de date récente (1873), et il l'inaugura solennellement le 1er mai 1856, jour de l'Ascension. Mais dans sa pensée cette réparation n'était que le prélude d'une restauration tout autrement significative.: la confection d'une statue de marbre reproduisant le type de la Vierge assise, telle que le moyen–âge l'honora à Montpellier. En dépit d'une opposition complètement inintelligente du passé, le curé de Notre-Dame eut le bon esprit, pendant son voyage en Italie, dont nous dirons le but, de prendre sur lui le choix de l'ancien modèle. Il traita à Carrare même pour la statue et son bas-relief au prix de 4,500 francs.

L'inauguration en fut faite le 5 mai 1861, premier dimanche de ce mois et fête principale de l'Association en l'honneur de Notre-Dame des Tables, dont nous parlerons bientôt. La bénédiction de la statue devait être suivie d'une procession dans l'après-midi et complétée le soir par une brillante illumination ; mais la nouvelle de la mort de Mgr. Thibault fit supprimer toute démonstration extérieure de réjouissance. Le sculpteur italien, André Franzoni, assista à la bénédiction de son œuvre ; et de sa bouche même on a recueilli, sur l'origine du marbre employé par lui, une particularité qui nous paraît assez intéressante pour être rapportée. L'artiste, ne trouvant pas à Carrare de bloc remplissant les conditions voulues, allait se décider à ajourner son travail, malgré les pressantes sollicitations du correspondant de M. Vinas, lorsque, la nuit qui suivit le jour où il avait fait inutilement les plus actives recherches, un quartier du plus beau marbre se détacha naturellement de la carrière dite du Bettogli. Franzoni se hâta de faire l'acquisition de ce bloc, merveilleusement apte à l'œuvre commandée, qui semblait de lui-même s'offrir à son ciseau.

Ce type de la Vierge assise, désormais le seul adopté, se trouve reproduit dans une statue argentée, acquise en 1879, qui figure les jours de fête sur le grand autel, rappelant par sa matière, sa forme et sa place celle que le moyen-âge désigna sous le nom de *Vierge de l'orfèvre*. Mentionnons encore, comme restauration des souvenirs du passé, la découverte dans une maison de la paroisse et la restitution faite à l'église, en 1860, de la plaque commémorative de M. de Toyras, placée à l'angle gauche de la chapelle de la Sainte-Vierge.

A cette même inspiration qui domine toute la période que nous étudions se rattache le rétablissement de l'effigie de la Vierge dans l'écusson montpelliérain. Presque à la même année que deux siècles auparavant (1627 et 1826), elle y fut replacée après des lenteurs calculées, dues à l'administration

hostile aux idées religieuses qui de 1805 à 1814 régit
les affaires de notre ville. Le court passage à cette
dernière date d'une nouvelle administration, que
remplaça l'ancienne lors des Cent-Jours, ne put
être marqué par ce rétablissement. Ce ne fut qu'en
1826 et poussée par des combinaisons secondaires
prises à Paris que la municipalité de l'époque de la
Restauration prit une nouvelle délibération à cet
égard. Mais cette fois la résolution d'adopter les
anciennes armoiries fut votée à l'unanimité, sur la
motion du maire, le marquis d'Ax d'Axat. Le 29
mai 1826, des lettres patentes du roi Charles X
accordèrent à Montpellier le droit de reprendre ses
anciennes armoiries, ainsi désignées par ce document :

« D'azur, au trône antique d'or, une Notre-Dame
» de carnation, assise sur le trône, habillée de gueu-
» les, ayant un manteau du champ de l'écu, tenant
» l'enfant Jésus aussi de carnation ; en chef à dextre
» un A et à senestre un M gothiques, d'argent, qui
» signifie *Ave Maria*, en pointe un écusson aussi
» d'argent chargé d'un tourteau de gueules. »

II.

LE vénérable curé de Notre-Dame, M. Théron,
qui, nommé au cours même de la période révolutionnaire, en vit aussi la fin, se montra soigneux
du culte de Marie dans tous ses développements.

Nous l'avons déjà vu restaurer de son mieux l'édifice appelé désormais à succéder à l'ancien sanctuaire; et, dès le retour du calme, nous le retrouvons encore s'efforçant de faire revivre les vieux priviléges de son église. Ses premiers soins se portèrent sur la liturgie et le rétablissement de l'office paroissial. En 1803, il le fit réimprimer et en demanda l'approbation à l'autorité ecclésiastique. Sur un mémoire présenté par lui à l'évêque concordataire, Simon Rollet, celui-ci, par une ordonnance en date du 14 août 1804, prescrivit le rétablissement du rituel propre à la paroisse. Nous résumons les dispositions de ce document épiscopal :

1° Les prêtres de Notre-Dame *doivent* dire le 31 août la messe et l'office propres ; et le 7 septembre, dernier jour de l'octave, le même office rite double comme le jour.

2° Les jours semi-doubles de l'octave, les mêmes prêtres *pourront* dire la messe de la fête, non comme votive, mais comme le 31 août, et *ne pourront* dire de messes de requiem, si ce n'est à corps présent.

3° Lorsque le dimanche dans l'octave l'office sera du dimanche, les vêpres *pourront* être chantées de la fête des Miracles, rite semi-double.

Cet acte simplement émané de l'autorité épiscopale reçut, un demi-siècle après, une plus haute approbation. La réforme liturgique accomplie en France au XIXᵉ siècle suivant la forme romaine eut lieu pour notre diocèse en 1855. Le « *Propre diocésain* », soumis à la Sacrée Congrégation des Rites, reproduisait pour la fête des Miracles l'ancien « *Propre dio-césain* » publié par l'évêque Colbert de Croissy, tron-qué même en quelques endroits au désavantage du nouveau. L'approbation donnée à cet office devait exclure désormais la récitation de l'office paroissial. M. Vinas ne put s'y résoudre, et entama la plus active correspondance avec la Cour romaine pour en obtenir le maintien. Deux années d'efforts n'avaient abouti qu'à un échec ; le digne et persévérant curé se décida à tenter un voyage à Rome. Demandes réitérées, recommandations puissantes, prières, sup-plications, tout fut mis en usage jusqu'à l'importunité, mais jusqu'au succès aussi. Avec quelques suppres-sions, quelques retouches et transpositions, l'office de 1772 passa presque tout entier ; mais il fallut dispu-ter le terrain pied à pied ou, plus justement, conquérir l'office phrase par phrase. La Sainte-Vierge au surplus sembla se plaire à appuyer les démarches faites pour son service ; et nous n'hésitons pas à rapporter une particularité curieuse au sujet de l'évangile de la messe. Malgré bien des supplications, il fallait se résoudre à accepter celui de l'ordinaire de la Vierge, au lieu du récit du miracle de Cana, dont on saisit si bien l'à-propos merveilleux pour notre fête. Or, tandis qu'un jour le curé de Notre–Dame célébrait le saint-sacrifice dans une église de Rome, quelle joyeuse surprise de trouver, à ce jour-là même et pour une fête particulière de la Vierge, l'évangile re-jeté par la Sacrée Congrégation des Rites. S'emparant triomphalement du missel, il s'empressa de l'apporter à la sévère commission, qui ne put dès lors lui refuser une faveur accordée à d'autres. Le 15 juillet 1858, M. Vinas obtenait le décret d'approbation de son Office, qu'il publia l'année même et pour cette fête du 31 août dont il avait si opiniâtrement défendu les priviléges liturgiques. Dès son retour aussi il eut soin de faire confirmer par l'évêque, Mgr. Thibault, l'ordonnance de Mgr. Rollet dont nous avons parlé déjà ; et en obtint encore que le mot *stricté* du décret, qui devait s'entendre du clergé *strictement attaché au service de l'église*, fût appliqué aux prêtres *habitués.* Nous ne répondrions nullement que la dévotion particulière n'étendît encore davantage, quant à l'usage, ce privilége dans notre ville.

En rétablissant, dès 1804, la récitation de l'office propre, l'évêque dut autoriser aussi, verbalement sans doute, la procession du 31 août. Des notes particulières nous apprennent, en effet, qu'aux premières années de notre siècle elle se faisait avant la grand'messe, mais avec un mince cortége et seulement autour de l'île voisine de la *Tour d'Encanet* (actuellement île Coulazou). Sous l'impulsion zélée de M. Vinas, la procession eut lieu, depuis le milieu du siècle, le soir à l'issue des vêpres et parcourut toute la paroisse. Un nombreux cortége et la décoration des rues qu'il traversait, donnèrent un éclat nouveau à la cérémonie. Changé chaque année, afin de satisfaire la piété de tous les paroissiens empressés de voir la Vierge bénie parcourir leurs rues respectives, l'itinéraire ramenait cependant toujours

les fidèles à la station de la Halle aux Colonnes, car
les souvenirs du passé, vivants dans les cœurs,
entouraient ce sol d'une particulière dévotion.
Signalons l'empressement des dames de la Halle à
décorer le reposoir préparé à cet endroit pour recevoir quelques instants la statue de la Vierge, comme
aussi leur pieuse coutume d'entretenir des cierges au
petit autel dressé par leurs soins dans l'intérieur
même du marché. Le soir de ce jour, l'illumination
de toutes les maisons de la paroisse et même d'autres
quartiers témoignait de la généralité de la dévotion
à Notre-Dame des Tables. On le remarque, hélas !
nous parlons au passé ; car ces magnificences exté-
rieures ont disparu momentanément devant la bruta-
lité d'un arrêté administratif. Mais quelle histoire,
mieux que celle de l'*antique Majesté*, saurait nous
montrer que les hommes et les révolutions passent, si puissants que soient ceux-là ou violentes
celles-ci, tandis que demeure et revit le culte catholique ?

Nous l'avons déjà dit : le Ciel lui-même au XIXᵉ
siècle paraît de concert avec la dévotion à Marie
pour ressusciter les usages et les gloires du passé.
C'est à une de ses inspirations et non aux enseignements de l'histoire qu'est dû l'établissement, en
1846, d'une confrérie en l'honneur de Notre-Dame
des Tables. Il y avait deux ans seulement que
M. Vinas était curé de Notre-Dame et il ne soupçon-
nait nullement l'existence d'une antique confrérie,
qui lui fut révélée seulement lors de ses recherches

au sujet du livre publié par lui en 1859. Uniquement
poussé par une sorte de suggestion de la Sainte-
Vierge, il résolut d'instituer cette association afin de
raviver son culte à Montpellier. Ce projet d'enrôler
les fidèles de toute la ville dans une pieuse ligue
de prières, faisant des antiques *véjolades* des corporations comme une sorte de véjolades individuelles, et les étendant à tous les jours de l'année,
— ce projet, dis-je, fut accueilli avec empressement, dès qu'on apprit par quelles précieuses
indulgences le Pape l'encourageait. C'était en juillet
1846, et à dessein nous relevons cette date. Le 16
juin, Pie IX avait été élu souverain-pontife ; le 16
juillet, il accordait cette libérale amnistie politique
qui excita un délire bientôt suivi pour le prince
généreux de si amers déboires : qui dira que Gaëte,
en 1849, et le Vatican, en 1870, n'en soient pas
sortis ? Et le lendemain même, 17 juillet, en faveur
de la nouvelle association, par une sorte d'amnistie
religieuse, il ouvrait le trésor des inépuisables miséricordes du Christ !... Il nous plaît, et nous ne saurions
dire à quel point, de voir le culte de Notre-Dame
des Tables recueillir les premières faveurs de l'im-
mortel Pontife à qui restera dans l'histoire, avec la
gloire d'avoir proclamé le dogme de l'Immaculée-
Conception, le nom doux et enviable de *Pape de
Marie.* Les largesses du Saint-Père furent grandes et
même réitérées ; le général des Jésuites y ajouta celles
de l'affiliation à l'archiconfrérie *primâ primariâ* ou *del
Gesù ;* et l'autorisation épiscopale et la dévotion des

fidèles achevèrent de créer cette association floris-
sante, dont la fête principale se célèbre le premier
ou le deuxième dimanche de mai. On ne saurait
trop engager les dévots à Marie, n'est-ce pas dire
tous les chrétiens? à s'enrôler dans cette milice
pieuse, qui ne compte pas actuellement moins de
trois mille membres. Aujourd'hui que l'histoire du
passé est mieux connue, nous y retrouvons avec
bonheur une résurrection de l'antique *confrayria* du
moyen-âge, et par là un nouvel anneau de la chaîne
aux multiples liens qui rattache notre foi à celle de
nos aïeux.

III.

LA nouvelle église était donc appelée à recueillir
successivement tous les priviléges de l'ancienne.
En ce qui concerne la liturgie et le culte, rappelons
encore le rétablissement (1853) de l'Oraison des
quarante heures pour le retour à la foi de nos frères
séparés, mais surtout signalons la solennelle consécration que reçurent ses voûtes en 1873. Avant de
rapporter les détails de cette cérémonie, il nous
faut revenir de trois années en arrière et dire quelle
en fut la véritable occasion. Aussi bien est-ce encore
une des plus belles gloires de Notre-Dame des
Tables que nous ayons à enregistrer au siècle présent.

Le 14 juillet 1870, la guerre éclatait entre la
France et la Prusse, et avec les hostilités com-
mençaient nos revers. Dès les premiers jours d'août,

l'évêque de Montpellier, Mgr. Le Courtier, adressa à son clergé une lettre-circulaire prescrivant des prières générales pendant toute la durée de la guerre. L'article concernant la ville épiscopale ordonnait que durant ce temps une messe basse serait célébrée tous les samedis non chômés à Notre-Dame des Tables, « pour le succès de nos armes et pour les familles dont les enfants sont sous les drapeaux ». En même temps le prélat adressait à Monsieur le Curé-doyen de Notre-Dame une lettre l'informant du dispositif de sa circulaire. « Cette messe, écrivait-» il, sera dite à 8 heures à l'autel de la Sainte-Vierge » par Messieurs les curés de la ville, à tour de rôle » et selon l'ordre des paroisses. Messieurs les curés » devront être accompagnés de leurs paroissiens. »

Selon ces instructions, la série des pèlerinages fut inaugurée le 20 août 1870. La pensée épiscopale avait été dignement comprise; elle fut magnifiquement traduite par la dévotion des fidèles. Les paroisses rivalisèrent de zèle : quatre fois à tour de rôle, malgré un hiver des plus rigoureux, on s'en souvient, elles vinrent se prosterner aux pieds de Notre-Dame des Tables; et ni les élections conservatrices et rassurantes du 8 février 1871, ni la signature des préliminaires de paix avec l'Allemagne (26 février) ne ralentissaient le zèle avec lequel la cinquième série des pèlerinages se poursuivait, quand l'Évêque crut devoir les clore aux termes mêmes stipulés dans la circulaire du 7 août 1870. Mais avant de voir prendre fin ces pieuses *rogations*, rappelons les cérémonies touchantes auxquelles elles donnaient lieu.

Les fidèles se rendaient à leurs paroisses respectives et en partaient processionnellement, au chant de psaumes pénitentiaux, pour se rendre à Notre-Dame. Le même caractère de supplication et de deuil se retrouvait dans les chants dont le saint-sacrifice était accompagné : *Miserere mei*, *Deus misereatur nostri*, *Sub tuum*, *De profundis*, etc. La sainte communion devait, vu l'affluence extrême, être distribuée simultanément à la chapelle de la Vierge et à l'autel principal. Après la messe, les cinq *Pater* et les cinq *Ave* prescrits pour tout le diocèse étaient récités alternativement par le célébrant et par les fidèles, qui regagnaient ensuite leur paroisse, en procession et au chant du *Magnificat* et de l'*Ave maris stella*.

La paroisse de Notre-Dame, on le devine, ne pouvait rester en arrière d'un mouvement aussi général et aussi pieux envers la Vierge-Mère. Bien qu'elle parût en quelque sorte privée du bénéfice de la station, elle ne put se résoudre à y renoncer, et, choisissant pour point de départ la chapelle des Pénitents-Blancs, elle se montra, comme de raison, la plus fidèle et la plus fervente au dévot rendez-vous. Enfin les diverses paroisses urbaines offrirent chacune un cœur de vermeil en ex-voto à Notre-Dame.

Le 6 mars 1871, un nouveau mandement, bien qu'il vînt, comme nous l'avons déjà dit, clôturer la série des pèlerinages, accrut encore les priviléges du

vénéré sanctuaire et les gloires du culte de Notre-
Dame. Après avoir en effet déploré les douloureuses
conséquences d'une guerre et d'une paix navrantes
à l'envi, et attribué à la protection de la divine Vierge
le calme relatif dont avait joui le département en
ces jours de néfaste mémoire, il convoquait pour le
25 mars, jour de l'Annonciation de la Sainte-Vierge,
les fidèles à Notre-Dame, où l'Évêque devait, à la
suite de la célébration de la messe, consacrer tout
son diocèse à Notre-Dame des Tables.

Au jour fixé, l'église était parée de bannières aux
armes de *l'antique Majesté* et des anciens diocèses
dont Montpellier a recueilli l'héritage (1), ainsi que
d'oriflammes au nom des paroisses urbaines et des
doyennés du diocèse ; la chapelle de la Vierge était
splendidement illuminée. Mgr. Le Courtier y célébra la messe, assisté à l'autel de MM. l'archidiacre
Garimond et l'abbé Bonniol, vicaire-général, et en-
touré des sept curés de la ville, « *comme autour du
soleil le chœur des sept étoiles* », dirions-nous presque
avec le poète allemand, et d'autant plus volontiers
que ce nombre, sacré dans nos saints Livres, l'emblème de la multitude, semble propre à généraliser
l'acte qui allait s'accomplir. La cérémonie garda le
caractère de tristesse qu'imposait le deuil de la patrie
morcelée. Plus que jamais nombreuses furent les
communions, et l'on évalue à deux mille le nombre
des fidèles qui dans ce jour s'approchèrent à Notre-
Dame de la Sainte-Table. A la fin de la messe,

(1) Béziers, Agde, Lodève, Saint-Pons et Maguelone.

l'Évêque, après quelques paroles émues, prononça debout et la main levée, ce que, d'après ses instructions, imitèrent les curés, l'acte de consécration de la ville et du diocèse à Notre-Dame des Tables, composé pour la circonstance. On se figure aisément la solennité d'une telle cérémonie et les impressions qu'elle dut laisser dans tous les cœurs. Nous en avons fait le pâle récit d'après les lignes tracées, au soir même de ce jour, par celui que son titre de Curé de Notre-Dame et sa dévotion tendre à la Vierge-Mère en rendaient le témoin le plus ému. Mais, pour en résumer les souvenirs suaves, on nous saura gré de rapporter textuellement ses accents pénétrés : « .... Une foule immense à genoux, » un silence profond, un saint évêque, revêtu de ses » ornements pontificaux et la main levée au ciel ; » autour de lui et dans la même attitude solennelle » et touchante, sept prêtres vénérables ; la voix du » pieux prélat grave, vibrante, pénétrée, atteignant » dans sa sonore plénitude les derniers replis du tem- » ple, et portant par de douces ondulations l'émo- » tion de son âme dans l'âme de tous les assistants ; » des larmes abondantes, mais de celles que le bon- » heur fait couler , et puis la figure de Marie, pleine » à la fois et de grâce et de majesté, dominant l'as- » semblée attendrie et la prenant sous sa maternelle » protection. Quel tableau! quel spectacle! Ceux » qui en ont été les heureux témoins n'en perdront » jamais l'impression ni le souvenir!... »

Et tandis que la foule nombreuse se recueillait

dans une silencieuse émotion, éclate l'hymne composée spécialement pour la circonstance :

ERGO NUNC TUA GENS SE TIBI CONSECRAT,
ERGO NOSTRA MANES, MATER AMABILIS,
QUÆ PER SECULA CLEMENS
TUTUM MONSPELIUM FOVES.

« *Maintenant donc votre peuple se consacre à vous, et vous demeurez la nôtre, ô Mère aimable, qui, clémente à travers les siècles, gardez à couvert Montpellier en vos bras maternels* », et avec laquelle alterne un verset du *Magnificat.* L'assemblée entière s'y associe dans un élan spontané et merveilleusement saisissant. Le soir à 8 heures, la journée, remplie par cette solennelle cérémonie, par les visites incessantes des prêtres, des communautés religieuses et des fidèles à l'autel de Notre-Dame, se clôturait au milieu de nouveaux chants et des témoignages d'une dévotion qui ne se pouvait résoudre à voir finir, avec ce jour béni, les ineffables émotions qu'il avait fait naître.

Un plus vif élan était désormais donné au culte de Notre-Dame des Tables, et la cérémonie de la consécration en 1873 ne fut en définitive que le corollaire naturel de celle de 1871. Elle fut célébrée à la même date, 25 mars, et eut pour occasion, comme celle de l'antique église en 1230, comme celle de la troisième en 1684, les importantes réparations accomplies pendant ces deux dernières années par les soins du nouveau curé. Si la mort en effet, le 10 avril 1870, avait enlevé à la Sainte-Vierge un ardent et fidèle serviteur en M. Jean-François Vinas, de regrettée mémoire, la nomination de M. l'abbé Bec, curé-doyen de la Salvetat, lui avait aussitôt rendu avec la même piété vive, le même zèle pour son culte et ses autels. Le stuckage de l'église, le ravalement des murailles, la continuation de la frise, la belle mosaïque qui entoure la statue de la Vierge d'une fraîche guirlande des fleurs que lui voue le culte catholique, datent de cette époque.

Une fois de plus la parole épiscopale convoqua tout le diocèse aux pieds de Notre-Dame des Tables pour la consécration de son église. Après avoir rappelé les splendeurs du culte de l'auguste Vierge dans le passé, ses gloires récentes et la station que fit dans son église, considérée désormais comme votive, la procession de pénitence ordonnée au 14 juin 1871 pour les malheurs publics, le mandement, en date du 5 janvier 1873, prescrivait les dispositions à prendre pour la cérémonie. Une des plus heureuses est, à notre avis, celle qui témoignait le désir d'y voir assister un délégué de chacun des anciens diocèses fondus aujourd'hui dans celui de Montpellier. Maguelone devait être représentée par le curé de Villeneuve, à la paroisse duquel elle appartient maintenant.

Au jour fixé, l'évêque put, une fois de plus, se convaincre que son appel avait été écouté et reçu avec joie. Dès la veille et le grand matin du 25, les cloches de la cathédrale, à 8 heures celles de toutes les paroisses et églises de la ville convoquaient les fidèles devant l'église de Notre-Dame des Tables. Dirons-nous la foule pressée, impatiente et pourtant recueillie qui, pendant les mystérieuses cérémonies de la consécration, attendait l'heure et l'autorisation de pénétrer dans le sanctuaire? Quelle émotion lorsque apparurent les deux évêques, le prélat consécrateur, Mgr. Le Courtier, et le vénérable Mgr. de Las Cases, ancien évêque de Constantine et d'Hippone, portant les reliques des saints martyrs destinées à l'autel majeur, auxquelles faisaient cortége les délégués des anciens diocèses (1)! Quel respect attentif, tandis que l'évêque de Montpellier épanchait devant son peuple la joie de son âme! Mais surtout quel enthousiasme, quand il proclama *l'église Notre-Dame des Tables église patronale du diocèse!* et enfin avec quel cœur les fidèles saluèrent-ils d'un *amen* pieux chacune des invocations prononcées par le pontife :

Nos cum prole piâ benedicat Virgo Maria !	Que la Vierge Marie avec son divin Fils nous bénisse!
Nos juvet omni hora !	Qu'Elle nous aide à toute heure !
Sit custos posita in vineis !	Qu'Elle soit la gardienne de nos vignes !
Tutum Monspelium foveat !	Qu'Elle garde à couvert Montpellier dans ses bras maternels !
Totam diœcesim gubernet et protegat !	Qu'Elle gouverne et protége le diocèse tout entier !
Totius populi sit pax, salus et gaudium !	Qu'Elle soit la paix, le salut et la joie de tout le peuple !

Alors s'ouvrent les portes et la foule s'élance, ardente et pieuse à la fois, dans le sanctuaire paré

(1) Celui de Maguelone, l'abbé Gratien Bourdel, avait été salué le matin même du titre de chanoine honoraire.

avec goût. Dans le chœur et aux quatre piliers du dôme flottent les huit étendards aux armes de Pie IX, de Mgr. Le Courtier, de Montpellier et des cinq anciennes villes épiscopales; et dans la nef de charmantes bannières, retraçant avec les invocations des litanies de la Vierge, les figures sous lesquelles elles nous la peignent, se balancent légères et gracieuses dans leur fraîcheur. Les douze croix rouges des piliers, celle de saint André, tracée par la cendre et gravée de symboliques caractères sur le pavé de l'église, toutes ces marques mystérieuses de la cérémonie saisissent l'âme des plus saintes émotions, tandis que la messe se célèbre à l'autel nouvellement consacré. Ne devait-il pas tressaillir de joie dans sa tombe voisine, celui qui avait érigé ce riche autel, et de sa main défaillante béni sur son lit de mort la porte du tabernacle, don généreux d'une main qui toujours voulut rester cachée ?

Les solennités qui le soir même et toute l'octave suivirent celle de la consécration, tout en lui cédant en majesté, le lui disputèrent en pieux enthousiasme. Successivement conviées, les diverses paroisses urbaines vinrent témoigner du bonheur avec lequel elles avaient accepté le *patronage* de Notre-Dame des Tables. Le chant des Complies, suivi d'une prédication, la lecture de l'acte de consécration, le salut et le chant de l'hymne devenue populaire : *Ergo nunc tua gens,* etc., remplissaient chaque réunion ; et dans l'intervalle communautés, confréries, fidèles se pressaient devant l'autel ruisselant de lumières et sous le regard maternel de *l'antique Majesté*, dont ces jours bénis rajeunissaient les vieilles gloires. Tout le diocèse s'associa à ces touchantes démonstrations, en envoyant avec ses délégués des groupes de fidèles ; la paroisse de Gigean se rendit même en procession à l'église vénérée où elle déposa une bannière.

L'octave finie, la fête devait se perpétuer par une heureuse prescription épiscopale. Tous les ans en effet, un salut solennel est donné, avec les rites marqués pour 1873, en la fête de l'Annonciation, célébrée à son jour ou transférée, dans l'église paroissiale et patronale de Notre-Dame des Tables. Le pieux Évêque qui, une année après ces belles fêtes, était monté sur le siége de Montpellier, tient à honneur de remplir les doux engagements que la consécration de son diocèse à *l'antique Majesté* impose à celui qui le gouverne, et qu'il avait acceptés dès les premiers jours de son épiscopat. Arrivé en effet dans sa ville le 25 mars 1874, il s'empressait, le surlendemain même de sa prise de possession, fête de la Compassion de la Sainte-Vierge, de célébrer la messe à la chapelle de Notre-Dame des Tables et, comme il voulait bien le dire, d'accepter « les lettres de naturalisation » qu'une allocution pleine d'à-propos venait de lui donner, en vertu de l'antique proverbe : « *Non citius Monspeliensis quis nasceretur, quam Marianus existeret.* » C'est encore le sanctuaire de Marie qu'il choisit pour y officier pontificalement, à l'occasion du vingt-cinquième anniversaire de la proclamation du dogme de l'Immaculée-Conception, le 8 décembre 1879. Enfin chaque année, au jour qui la commence, il célèbre le saint-sacrifice à l'autel de la *Vierge-Mère, secourable à toute heure,* dont il aimait, dès sa nomination, à apprendre la vieille et suave prière d'une bouche filiale qui, par le sang et le cœur, nous tient de si près.

Nous avons cru devoir donner ces détails sur les fêtes de la consécration de l'église Notre-Dame en 1873, souvenirs sur lesquels aimeront à revenir ceux qui y ont assisté, aussi bien qu'enseignements pour ceux qui viendront après nous. Cette solennité, au surplus, tout en couronnant des efforts faits en faveur du culte et du sanctuaire, semblait en appeler d'autres encore. C'est ce que rêvait du moins et tous les jours exécute le zélé curé de Notre-Dame. Chaque année voit un embellissement nouveau, et quand ces pages seront achevées, l'histoire qu'elles retracent se continuera, vivante et frappante, sur les murs de la nouvelle église, héritière de l'ancienne en toutes ses gloires. C'est, en 1874, le rétable de la chapelle du Christ; en 1877, le remarquable appui de communion en onyx; en 1878, le dallage en marbre; en 1881, la réparation de la chapelle de saint François-Xavier, dont le culte reçu des Jésuites, prédécesseurs de la paroisse en cet édifice, a été adopté par celle-ci avec tant de piété; en 1883, de la chapelle de saint-Roch, l'enfant de Notre-Dame des Tables, dont, à l'heure même où nous écrivons ces lignes, la vénérée effigie vient de recevoir une auguste bénédiction (1). Aujourd'hui ce sont les orgues, et demain et les années suivantes verront se continuer, sans jamais s'achever au gré de la piété qui les provoque, des embellissements rappelant les richesses du passé.

Le même zèle qui préside à l'ornementation de l'édifice matériel, se reporte aussi sur le culte dont il fait revivre toutes les coutumes touchantes. Une pensée de ce genre, le désir de ressusciter, en la mesure possible à notre siècle, les vieilles *véjolades* des corporations, a été soumise par Monsieur le Curé de Notre-Dame au président du Cercle catholique ouvrier de notre ville. Déjà un double rendez-vous aux pieds de Notre-Dame des Tables réunissait, depuis quelques années, nos ouvriers chrétiens à la messe célébrée pour eux le jour du Patronage de saint Joseph, ainsi que le dimanche dans l'octave de la fête des Miracles. Il fut en outre convenu que les membres du Cercle catholique reprendraient l'usage de porter, comme leurs aïeux, la statue de la Vierge, à la procession publique du 31 août. La suppression de la cérémonie seule les a empêchés de tenir cette promesse.

Notre tâche est terminée; est-elle remplie? en dépit de tous nos efforts, nous n'osons l'espérer.....

(1) Le 17 mai 1885, Mgr. Forcade, archevêque d'Aix, venu à Montpellier pour la fête de la Susception des Reliques de saint Roch, a béni en l'église Notre-Dame un tableau représentant ce Saint, peint par M. Marsal.

Malgré le labeur accompli et le soin apporté à ce travail, nous nous demandons humblement si Notre-Dame des Tables apparaît dans ces pages sous ce doux et majestueux aspect qui séduisit nos aïeux jusqu'à leur suggérer un culte passionné, et qu'Elle-même a bien voulu révéler à notre cœur au cours de cet ouvrage. Si ce livre contribue quelque peu à l'extension de son amour, c'est à ses seules inspirations que nous en voulons rapporter l'efficacité, c'est à sa maternelle bonté que nous en demandons la bénédiction dans le temps et la récompense au-delà.

Virgo Mater, natum ora,
Ut nos juvet omni hora.

TABLE DES MATIÈRES.

CHAPITRE II. — De l'Édifice matériel et des Miracles
et Pèlerinages qui s'y accomplirent.

DEUXIÈME PÉRIODE.

Du XIIIe Siècle aux Guerres de Religion.

CHAPITRE III. — De l'Influence du Culte de Notre-
Dame des Tables sur la Vie municipale de Montpellier.

CHAPITRE IV. — De l'Influence du Culte de Notre-Dame des Tables sur la Vie publique de Montpellier.

CHAPITRE V. — De la Dévotion privée à Notre-Dame des Tables.

CHAPITRE VI. — De l'Administration religieuse et temporelle de l'église N.-D. des Tables et des Priviléges de ce sanctuaire.

CHAPITRE VII. — De la Description de l'église N.-D. des Tables.

TROISIÈME PÉRIODE.

De la première destruction de l'église N.-D. des Tables par les hérétiques jusqu'à sa ruine totale.

1562-1806.

Chapitre X. — De la deuxième Destruction de l'église Notre-Dame et de sa Réédification.
1621-1654.

Chapitre XI. — Depuis la seconde Réédification de l'église N.-D. des Tables jusqu'à sa Ruine totale.
1655-1806.

QUATRIÈME PÉRIODE.

Restauration du Culte au XIX° Siècle.

CHAPITRE XII.— De l'Affectation de l'ancienne Collégiale des Jésuites au service paroissial de Notre-Dame des Tables, et de la Restauration du Culte.

Imprimé à Montpellier

le XXVII août MDCCCLXXXV

par JEAN MARTEL AÎNÉ

imprimeur de Monseigneur l'Évêque.

www.ingramcontent.com/pod-product-compliance
Lightning Source LLC
Chambersburg PA
CBHW070603100426

42744CB00006B/384